Ⓢ新潮新書

廣末 登
HIROSUE Noboru

だからヤクザを辞められない

裏社会メルトダウン

897

新潮社

はじめに

筆者は、大学院時代の2003年から暴力団の研究に携わってきました。専攻は犯罪社会学でしたから、どういう人が、いかなる社会的諸力を受けてヤクザになるのだろうかという問題を深耕しました。そのときに得られた知見は、のちに『ヤクザになる理由』（新潮新書　2016年）でも一冊にまとめ紹介させていただきました。

実は2010年以降、当時、調査に協力してくれた元暴力団員や現役の組員の方から、「何か、暮らしにくい世の中になった」という話を聞くようになりました。次第に、彼らの伴侶である姐さんたちも、我が子への影響など不安を訴え始めました。

こうした兆候は、暴力団排除条例が福岡県で最初に施行され、全国の自治体が、それに倣って暴排強化を始めた時期以降に見聞きするようになりました。以降、暴力団離脱者が右肩上がりに増えていきました。

2014年に再び調査地点に戻ってみて筆者が体感したのは、10年前とは異なる、カオス化した裏社会事情でした。この時は、助成金をもらっての暴力団離脱実態研究のため、「なぜ暴力団を離脱するのか」、「暴力団からの離脱に障害はないのか」という実態を、離脱者や親分から聴取することが目的でした。本書の前半に、この時の調査データも盛り込んでいます。

調査地点で毎日のようにアングラ社会を徘徊しておりますと、本職（暴力団）とは違う、どうも得体の知れない集団が目に付きました。ちょうど、溝口敦氏が、関東連合OBや怒羅権《ドラゴン》OBという暴走族上がりのギャングもどき——「半グレ」について紹介し、その名称が一般に浸透したころです。

一方、暴排条例なるものを調べていくうちに、暴力団に対する取締りの強化だけではなく、暴力団を離脱した者に対しても、厳しい社会権の制約があることが分かりました。それが、「元暴5年条項」です。

人間が生きるためには衣食住を確保しなければならず、それには日々働く必要があります。しかし、この条項によって銀行口座が作れない、家も借りられないときては、憲法で保障された健康で文化的な生活を営むことができません。暴排機運の高まりでシノギが激減するなか、暴力団は残るも地獄、辞めるも地獄という状況が進行しており、彼らの間には右往左往せざるを得ない混乱が生じていました。

裏社会の支配者であった暴力団の混乱に付け込む格好で、半グレ集団は勢力を伸ばしてきました。半グレは、今でこそ準暴力団として当局からマークされていますが、当時はほぼノーマークでした。

２０１０年代の前半、当局が把握していた反社（反社会的勢力）は、暴力団に限られていたのです。暴力団は、顔を売ってナンボの団体ですし、役職者名はリスト化されています。「席が替われば当代です」というお決まりのセリフで締める襲名式では、参加者一覧表が配布・紹介されます。絶縁、破門や除籍の際は、「何某という者は、俠道上許すべからざる行為あり……絶縁処分と致しました。今後、当組とは何ら関係なきこと御通知申し上げます」などと書かれた「状」が業界に回り、全国に通知されますから、当局も暴力団の構成員や離脱者に関しては、把握が容易でした。

対する半グレは、ちょっとやそっとの聞き込みでは、その正体がつかめません。彼らには暴力団のように決まった拠点、たとえば、組事務所のようなものがありませんし、縄張りも不明瞭です。メンバーも10代の若者がいるかと思えば、30代の青年や40代の中年までおり、まさに得体の知れない集団なのです。彼らと対立、あるいは、協働しているのが、暴力団離脱者たちであることを知ったとき、「これは危険だな」と思いました。素人の犯罪者集団に、元プロが関係しているのです。それも、匿名性という武器を使い、一般人の中に紛れています。森の中に隠れる低木――それが半グレのスタイルだからです。

当初は、ヤミ金、ぼったくりバー、危険ドラッグ、特殊詐欺で稼ぎまくった半グレですが、徐々にカネに目を付けた暴力団にグリップ（把握）され、その走狗となっていきました。さらに、悲しいかな、半グレが暴力団離脱者の受け皿となっているケースも散見されます。こうした状況の結果が、裏社会のカオス化だったのです。

そもそも、暴力団は、「親分―子分」関係という擬制血縁関係に基づいて組織化されています。その加入に際しても、一定期間の見習いを経て、兄貴分のシノギを手伝うことから一人前の稼業人として認められるという社会的特性があります。つまり、一朝一夕には、暴力団組員を名乗れないのです。

しかし、半グレになるにはハードルは無いに等しく、暴力団のようなタテの関係もなければ、ヨコの連携も希薄です。加えて、忠誠を誓うのは親分でも兄貴でもなく、ただカネのみです。暴力団がシノギの対象にすると、建前として任侠道に悖《もと》る、恰好悪い標的である婦女子や未成年、お年寄りという社会的弱者を餌食にしても、何ら痛痒を覚えない犯罪集団、それが半グレです。

本書では、暴力団ではないけれど反社と目される存在――暴排条例により増えた暴力団離脱者（元暴）のリアルと、私たちの生活圏で暗躍するすぐそこにいる半グレの実態をご紹介したいと思います。

＊より学術的に研究をしたい方のために、巻末に注と文献を掲載しましたので参考にしてください。

だからヤクザを辞められない　裏社会メルトダウン●目次

はじめに　3

第一章　暴力団離脱者の実態　13

就職率3％／元暴5年条項という社会権の制約／暴排条例という薬の「作用と副作用」／金融機関では鉄門の元暴5年条項

第二章　元暴アウトローの誕生　32

代紋外せば何でもあり／暴排の陰で格段に増加した高齢者の被害／生まれた時から背負う社会的ハンデとは／そして彼らはヤクザになった／暴力団辞めたら即カタギ、とは簡単にいかないワケ／元暴アウトローによるシノギのリアル／暴力団のアングラ化と形式的離脱の可能性／暴排や反社対策は、オールジャパンで議論すべき

第三章　現役幹部と離脱者の胸中　65
13人の暴力団離脱者、現役組員たちへの聞き取りから／暴力団を辞める理由／暴力団をどうやって離脱したのか／ヨゴレ・ヤクザとチャッカリ・ヤクザ／元暴アウトローという生き方を選択する理由／排除し孤立させるのではなく、社会復帰のためのリハビリを／協力者としての地域住民／暴力団離脱に作用する二つの力
第四章　暴排条例が生んだ「半グレ」　110
彼らは何者なのか／種類を整理する／半グレの私見的4パターン／キャリア10年以上の半グレの話／6名の当事者たち／半グレになった不良少年の社会的背景／普通の子を巻き込む／一部大学生にも浸透する半グレ化／改めて問われる家庭の重要性／ヤクザになる理由／半グレになる過程はヤクザになる過程に近い／ギャング対策に見る半グレ対策の先行例

第五章　離脱支援こそが解決への道　178
希薄化した人間関係が反社のシノギを生む／反社対策に本腰を入れ出した政府／過剰な「反社取締り」の反動／地域社会に開かれた窓口を

おわりに　200

【注】　208

【主要参考文献】　219

第一章　暴力団離脱者の実態

就職率3％

就職率約3％……この数字は、2010年度から18年度にかけて、暴力団離脱者のうち就職できた人の割合です。暴力団排除条例[1]（以下、暴排条例）が全国で施行された2011年度からの2年間は、1％未満でしたから、若干、改善しつつありますが、依然として低い数字であることは否めません。

2010年度　暴力団離脱者　630人　就職者　7人
2011年度　暴力団離脱者　690人　就職者　3人
2012年度　暴力団離脱者　600人　就職者　5人
2013年度　暴力団離脱者　520人　就職者　9人

２０１４年度　暴力団離脱者　４９０人　就職者　21人
２０１５年度　暴力団離脱者　６００人　就職者　18人
２０１６年度　暴力団離脱者　６４０人　就職者　27人
２０１７年度　暴力団離脱者　６４０人　就職者　37人
２０１８年度　暴力団離脱者　６４３人　就職者　38人

以上の通り、暴排条例が施行されてから9年間、全国の警察や暴力追放運動推進センターの支援による暴力団離脱者は合計５４５３人、そのうち就職者は約３％のわずか１６５人なのです[2]。残りの約97％の離脱者はどこに行ったのでしょうか。さらにいうと、ここで就職したとされる離脱者のうち、その職場に定着して、継続的に仕事をしている人はどれほどいるのでしょうか。残念ながら、追跡調査のデータはありません[3]。

就職率約３％という数字を見ても、２００３年から暴力団研究を行ってきた筆者は、昨今の暴力団排除、反社排除の世相と自身の経験に照らして違和感はありませんが、やはり、この１６５人の方が、現在も仕事を続けているかどうかという点については、一抹の不安があります。

元暴5年条項という社会復帰権の制約

暴力団離脱者の社会復帰が進まない理由のひとつに、暴排条例が内包する「元暴5年条項による障壁」が指摘されます。暴排条例においては、暴力団を離脱しても、一定期間（おおむね5年間、あるいは5年超）は、暴力団関係者（暴力団員等）とみなされ、銀行口座を開設することも、自分の名義で家を借りることも、携帯電話の契約も、保険などへの加入もままなりません。[4] 教習所に通ってバイクの免許を取ろうとしたら断られたと、知り合いの離脱者（10年以上前に離脱）は言います。

要するに、契約という行為が一切できないのが現状です。口座がない、携帯がないと、昨今では就職先もありません。筆者が法務省保護観察所の更生保護就労支援を行う際、難儀したのは、こうした人たちの支援です。

一方、2019年、永田町を騒がせた内閣総理大臣主催の「桜を見る会」の招待客問題――「反社を招待していた」とマスコミが取り上げました――で話題になった一人で、暴力団を離脱して郷里に戻り一から信用を積み上げ、奈良県高取町議になった新澤《しんざわ》良文氏のケースは、我が国の不寛容性を如実に表しています。「反社というラベル」を一度貼られたら、反省し、カタギで頑張ろうが、そのことを忘れさせてくれない日本社会の厳しさを再確認する代表例と思います。

この問題は、『FRIDAY』2019年12月6日号（11月22日発売）にて、「安倍晋三総理主催『桜を見る会』元山口組組員まで招待されていた」という見出しの記事で掲載されました。掲載後の12月4日、新澤議員から筆者に届いたメッセンジャーには、やるせなさが滲んでいます。

「今度は文春が来ました。日陰者が表舞台で滅私奉公することの難しさを実感しました」

平成9年頃に山健組の枝組織である臥龍会からきれいさっぱり足を洗って以来、郷里で頑張ってきた町議が、令和に改元する年の「桜を見る会」に参加したばかりに、「反社会的人物を招待していた」とマスコミ各社が大騒ぎするのが、日本社会の悲しい現実です。新澤議員は、各自治体の暴排条例が定める「元暴5年条項」の縛りを十二分にクリアしており、もはや反社ではありません。このタイミングで記事になる理由が筆者には理解できませんでした。

この記事に対して、新澤議員の地元の有権者は、「Xちゃん（＝新澤議員　筆者注）のことを、過去も含めて知らん町民はおらんのです。元ヤクザっていうのも誰でも知っとる。それでもXちゃんが町議になれたんは、人徳があってこそ」と記者に語っています（NEWSポストセブン　2019年12月3日）。ちなみに、前回、前々回と、選挙ではトップ当選しているそうです。

筆者が見るところ、これは政治的な意図に基づいた、公職に就いている暴力団離脱者への糾弾であり、反社への不寛容な世論を味方に政権叩きに利用した事例であるといえます。新澤町議は当時52歳、30歳の頃に離脱したと言いますから、20年以上の歳月が経っています。反社という負のラベルは、いつになったら剝がしてもらえるのでしょうか。

2019年9月11日の西日本新聞紙面に「離脱10年、開設断られる　諦めて内定辞退も」という見出しで、離脱後10年経っても口座が作れなかった元暴の声が掲載されました。

「お客さまの口座はつくれません。この部分に該当してないでしょうか」――2018年5月、10年前に刑務所で服役中に暴力団を離脱した男性は、勤務先の振り込み口座開設のために赴いた銀行で、その銀行が有する「反社」リストに掲載されていたため、窓口で口座開設を謝絶されました。結果的に、男性が勤務する福祉関連の会社が銀行と交渉し、なんとか口座開設が叶い、仕事を失わずに済みました。この時、もし、会社が男性のために骨を折らなかったとしたら、彼は仕事を失っていたかもしれません。

また、別の指定暴力団を離脱して3年半たった40代男性は、知人が経営する会社への入社が内定していましたが、口座開設を求められて辞退しています。「知人は『過去』を理解してくれたが、ほかの社員は知らない。『元暴5年条項』も頭をよぎった。元組員と分かり、（会社に）迷惑を掛けるかもしれない」と思って身を引き、自ら会社を営む道を選びました。報酬が振り込まれる口座は、幼少時代につくっていた「休眠口座」を活用しているとのこと。

しかし、男性は、家や車、携帯電話の契約にも苦労していると言います。「『生きるな』と言われているよう。偽装離脱の懸念から条項は必要だが、更生した人には柔軟に対応してほしい」と、その心中を吐露しています。

このような真正離脱者（更生の意思をもって離脱した者）としての元暴が社会復帰しづらいケースは、現代社会で散見されます。暴力団離脱者（と、その家族）は「反社」と社会からカテゴライズされ、社会権すら極端に制限されている現状があります。だからと言って、暴力団員歴を隠して、履歴書や申請書に記載しないと、虚偽記載となる可能性があるのです。暴力団組員の宿泊を断るホテルに黙って泊まっただけで、詐欺扱いで逮捕された現役組員のケースもあります。

こうした極端な社会権の制限は、暴力団や暴力団の枠から外れて犯罪活動に従事する偽装離脱者を念頭に置いた対策であることは理解できます。しかし、真正離脱者には柔軟な対応が求められます。なぜなら、折角、更生しようと思って離脱した真正離脱者が、カタギとして生き直しができず、生活困窮の挙句、生きるために元暴アウトローとして犯罪に従事せざるを得なくなる可能性があるからです。

個々のケースを見ずに、もともと暴力団に在籍していたのだから、更生なんかできない、再犯の可能性が高いだろうという偏見の下で、「反社」とすべてを一括りに扱うことに対して、筆者は違和感を覚えます。

暴排の狼煙《のろし》が上がったのは2008年です。経済界からの暴排は、銀行の「金融暴排」に代表されます。これには、2007年、暴排条例制定以前に公表された政府指針「企業が反社会的勢力による被害を防止するための指針」が寄与しました。2010年以降、全国で暴排条例が施行されてからは、銀行口座開設をはじめとする諸契約には、反社会的勢力に属していないかどうかのチェック項目「暴排条項」が設けられるようになりました。

　現在、金融暴排は更に徹底され、暴力団や半グレ（詳細は後述）など反社会的勢力との関係を確認する企業コンプライアンスは常識となっています。この基準をもっと簡単に言うと、警察庁や銀行のデータベースに登録されている者はもちろんアウト。あとは、パソコンで検索した結果、過去に暴力団組員としての逮捕歴があったり、特殊詐欺などの前歴がある、あるいは、暴力団と「もちつもたれつの関係がある」と当局が認定している者などは、銀行口座の開設が危うくなるということです。

　２０１９年12月10日、政府は「反社会的勢力」の定義について「その時々の社会情勢に応じて変化し得るものであり、限定的・統一的な定義は困難だ」とする答弁書を閣議決定しました。

　政府による「反社会的勢力」の過去の使用例と意味については「政府の国会答弁、説明資料などでのすべての実例や意味について、網羅的な確認は困難」としました。さらに、菅義偉官房長官（当時）が記者会見で「定義が一義的に定まっているわけではない」とも述べました。ただし、政府の答弁書は「現在、企業は指針を踏まえて取り組みを着実に進めている」とも述べています。ここで言う「指針」が、２００７年７月に開かれた第9回犯罪対策閣僚会議で取りまとめられた「企業が反社会的勢力による被害を防止するための指針」のことです。

暴排強化の問題については、過去にも国会でも取り上げられたことがあります。暴排条例が全国で施行された直後の2012年5月18日参議院において、又市征治議員が、平田健二議長に対し、「暴力団員による不当な行為の防止等の対策の在り方に関する質問主意書」を提出しました。その中では、

「『暴力団排除条例』による取締りに加えて、本改正法案（暴力団対策法改正案）が重罰をもって様々な社会生活場面からの暴力団及び暴力団員の事実上の排除を進めることは、かえってこれらの団体や者たちを追い込み、暴力犯罪をエスカレートさせかねないのではないか（傍線筆者）。暴力団を脱退した者が社会復帰して正常な市民生活を送ることができるよう受け皿を形成するため、相談や雇用対策等、きめ細かな対策を講じるべきと考える」（第180回国会〈常会〉質問主意書第116号）

として、又市議員は、暴力団離脱者の社会復帰における社会的「受け皿」の形成の必要性に言及しています。しかしながら、その社会的受け皿は、暴排条例施行後10年経った現在も、十分に形成されていないという現実があります。

そうすると、離脱者には社会的居場所がありません。人間は社会的動物ですから、一人では生きられません。「居場所」や「受け皿」は、暴力団離脱者に限らず、我々人間には誰しも不可欠なのです。

さらに悪いことに、「かえってこれらの団体や者たちを追い込み、暴力犯罪をエスカレートさせかねないのではないか」という又市議員の指摘通り、組員を偽装離脱させてシノギを模索する暴力団のマフィア化や、暴力団を自らの意思で真正離脱したものの、社会復帰に失敗し、犯罪のプロティアン化を実践する元暴アウトローの犯罪増加が懸念される事態が生じています。犯罪のプロティアン化とは、「プロティアンキャリア」というキャリア学用語の応用です。本書においては、犯罪の既存スキルを応用し活用することを指します。つまり、暴力団在籍時に覚えた手練手管を、暴力団離脱後も、様々な犯罪に応用し、活用することです。

元暴の検挙率について警察庁の資料を見てみましょう。

警察庁によると、「破門状を受けるなどして暴力団員でなくなった者について、平成23（２０１１）年に暴力団を離脱した２６３４人[5]のうち、その後2年間で検挙された者は６８１人（1年当たりの1千人当たりの検挙人員は１２９・３人）となっているほか、平成23

年から平成27（2015）年に離脱した者のうちその後2年間で検挙されたものは260人で、1年当たりの1千人当たりの検挙人員は144・6人となっている。これは、平成28（2016）年における暴力団構成員の1千人当たりの検挙人員（254・8人）より低いものの、同年における人口1千人当たりの検挙人員（2・3人）よりもはるかに高い水準である。……暴力団構成員は減少傾向にあるものの、暴力団を離脱した者についても依然として犯罪性向が高い状況が見受けられる（傍線筆者）ことから、就労支援等の社会復帰対策を一層推進するなど、総合的な治安対策が必要であるといえる」と結論しています（警察庁組織犯罪対策部「平成28年における組織犯罪の情勢」）。

2011年から15年に離脱した暴力団員のうち、その後2年間で検挙された者の比率は、全体の約60倍という高率であることが見て取れます。

暴排条例という薬の「作用と副作用」

筆者らが、日工組社会安全研究財団の助成金を受け、2014年から15年にかけて、西日本の都市部で調査した対象者は、暴力団幹部1名と離脱者10名でした。現在、これら11名のうち、当時現役だった被調査者1名はそのまま現役に留まり、離脱者中2名は、山口組の分裂後に、幹部として暴力団に戻りました。

調査時から、キリトリ（債権回収）、賭博開帳、みかじめ料徴収[6]などを主なシノギとしながら今も現役に留まり続けている被調査者が筆者に語った一言は、今でも筆者の心に残っています。

「ワシだけちゃう思うけどな、いま、（暴力団対策法、暴排条例で）ヤクザ厳しいねん。辞めるきっかけ（親分の代替わりや兄貴分のカタギ転向や離脱等）探してる人多いと思うで。親分も代わったし、ワシ自身も、迷子になってるんちゃう？……しゃかて、こん年のワシらが組辞めて何ができる。たどり着くところは生保（生活保護）やろ、みじめや。この地元には13歳から住んどるんやで、離れたないしな。もう、この年や、いまさら辞めても一般人が受け入れてくれるとは思われんな。みじめな終わり方するんなら、最後はヤクザで死にたいかな」

この現役幹部は、もし離脱しても、長年生活してきた地元の地域社会にすら、暴排の高まりから受け入れてもらえず、社会的な居場所が持てないのではという懸念を滲ませています。

たとえ、過去の生き方を悔い改め、せっかく犯罪とは無縁な生活で生きなおし、更生しようと決意しても、それを認めない社会――再チャレンジの機会が与えられない不寛容な社会が、いまの日本社会の現実なのです。反社、そして元暴というラベルを一度貼られたら、それはポストイットのようには簡単に剝がすことができません。

そもそも論ですが、更生とはなにか、社会復帰とはどういうものか、なにをもって社会復帰したといえるのかという議論が、我が国で十分に尽くされてきたのかと疑問に思います。

「暴力団を離脱して、犯罪的な生活を改めて就職したのなら更生しているし、社会復帰しているんじゃないの」というような簡単なものではないと筆者は考えます。就職した段階で更生・社会復帰したといえるのなら、これまでに筆者の調査に協力してくれた被調査者の多くは該当するからです。問題は、離脱者に社会的な居場所があるか、定着就労しているか、社会的排除による「生きづらさ」を知覚していないかどうかという点です。

筆者が知る限り、現在、追跡調査による暴力団離脱者の職業社会への定着の有無は調べられていません。[7] 暴排政策の施行という薬剤を投入したら、暴力団員の減少という作用が明らかになりました。しかし、薬には作用だけでなく、時として副作用が生じます。

犯罪を生業とする暴力団が社会悪として排除され、減少したことは政策の作用として評価できるでしょう。しかし、一方で、裏の社会でマフィア化する暴力団や、「生きづらさ」を知覚して行き場を無くした離脱者が元暴アウトロー化する問題、暴力団の弱体化で暗躍し始めた半グレと呼ばれる青少年グレン隊の増加などは、政策の副作用といえるのではないでしょうか。この元暴アウトローと半グレの跋扈については後述しますが、オレオレ詐欺の隆盛に大きくかかわっています。

「元ヤクザの更生なんて知ったことか。野垂れ死ねばいいんだ」

「ヤクザになったのは自己責任なんだから、自業自得だ」

こういった声は常に筆者の耳にも入ります。ただ、実際には、彼らの中にはみすみす野垂れ死ぬ前に、生きていくために犯罪に手を染める者も少なくありません。つまり、「新たな被害者を生み出す」可能性がある。そのデメリットを冷静に考える必要があります。

現在、毎日のようにオレオレ詐欺に代表される特殊詐欺事件についての報道を目にします。こんなに詐欺が身近になった時代はないのではないでしょうか。

もちろん暴力団が強かった時代にも、地上げや、債権回収、みかじめ要求等といった暴力団の非合法活動に巻き込まれ、被害に遭う人がいました。ただ、ここまで日常的に老若男女全ての層の人たちが反社会的勢力のターゲットになっていたかといえば、そんなことはありません。

暴排や反社への取締りが厳しくなり、暴力団はマフィア化するか、合法的にフロント企業で商いをする。[8] そのために組員を偽装離脱させる傾向も散見されます。汚れ仕事（捕まりやすい実行犯など）は、元暴アウトローや、暴力団にゲソを付けた（勢力下に入り後ろ盾につけて面倒をみてもらう）半グレが行うという状況がますます進行する可能性を否めません。こうした暴力団犯罪のアウトソーシング化は、実際に進んでいます。これに海外のマフィアが噛んできていると聞きますから、裏社会のカオス化はますます進行するでしょう。

そうした裏社会の地殻変動期にあって、暴力団研究をはじめとする元暴アウトロー等の研究は下火になっています。[9] しかし、政策を施行したら、その効果を検証する必要があるはずです。その政策による副作用を調査し、実効的な対策を検討するために、そして暴排条例の薬効を正しく見極めるためにも、暴力団をはじめとする反社研究が活発になることはあっても、下火になってはいけません。

現在、筆者が知る限り、暴排条例施行前後に為された体系的な暴力団研究は僅少です。まず、公的には比較的近年に、筆者も参加した調査・研究（非公開　以下、「公的調査・研究」とします）があります。これは、公的機関が主導する調査研究ですから、大々的なものです。[10]

民間の研究者によるものは、2011年6月に報告された「日中組織犯罪共同研究日本側報告書Ⅰ―暴力団受刑者に関する調査報告書」（日工組社会安全研究財団）の「第Ⅳ部　暴力団受刑者調査の分析」における、「第1章　暴力団受刑者の離脱意思の分析」の菊池城治による研究（この研究は刑事施設内の被調査者に対するアンケート調査に基づく研究であり、彼らへのヒアリングは行われていません）。そして、2015年9月に報告された筆者らによる研究「社会病理集団離脱実態の研究」（日工組社会安全研究財団）で、これら二つの研究しか為されていません。

金融機関では鉄門の元暴5年条項

現役暴力団員同様に、元暴力団員に対して銀行口座の開設を認めないなど、社会的制約の根拠となる元暴5年条項は、まさに鉄門と言えるほど徹底しています。

さらに、たとえ暴排条例が定める離脱から5年が経過したとしても、対応は企業ごとの判断と、筆者は聞かされていました（警察政策フォーラム「暴力団員の社会復帰対策の今後の展望と課題〜離脱・就労促進による暴力団の弱体化・壊滅を考える」2016年10月5日）。筆者が知る限りにおいても、実際に何年たっても銀行口座がつくれないなどの事例が報告されています。

そのような中、筆者が支援したある元暴の人は、離脱後5年を待たずに口座が開設されました。

口座開設の時には、県警の警察官2名が同行し、銀行の窓口で「口座を悪用しない」旨、誓約書を書かされたとのこと。そして、ようやく真新しい銀行通帳が手渡されました。警察の担当者も「これで、あなたの元暴の制約は取れた。もう、どこの銀行でも口座は開設できる」と言ったそうです。この快挙は、暴排条例施行後、本邦初といってもよいものでした。

この出来事で、もうひとつ明らかになったことがあります。

それは、「元暴5年条項」における5年カウントのスタート地点はどこなのかという問題についてです。これには諸説あり、民暴（民事介入暴力）専門の弁護士さんですら5

年の起点を明確に指摘できる人がいませんでした。しかし、このケースでは、彼が警察署で調べを受けるために勾留されている時に、所属する組織の親分宛に「脱退届」を出した（警察官に渡した）時点で「離脱した」とみなされ、そこが起点になったことが分かりました。これは、様々な点で暴力団離脱者の社会復帰において基準となると評価できるのです。

これまで口座開設の基準については、裁判所の判例ですら、曖昧でした。２０１６年の福岡高裁の判示を見てみましょう。

金融暴排による口座開設問題につき、裁判所は以下のように判示しています。

「暴排条項は目的の正当性が認められ、目的達成のために反社会的勢力に属する預金契約者に対し解約を求めることにも合理性が認められるから、憲法14条1項、22条1項の趣旨や公序良俗に反するものではなく有効であり、暴排条項の適用によって被る暴力団員の不利益は自らの意思で暴力団を脱退さえすれば回避できるものである（傍線筆者）」（福岡地判平28．3．4、福岡高判平28．10．4）

しかしながら、暴力団を離脱しても（最低5年間は）生活口座が開設できないという現状は、裁判所の見解に疑義が差し挟まれかねないという問題が生じているのです（荒井隆男「金融暴排実務の到達点——政府指針公表後10年を経過して」『金融法務事情』2100号)。

第二章　元暴アウトローの誕生

代紋外せば何でもあり

日々を生きるために、暴力団離脱者とて稼がなくてはいけません。とりわけ、家族を養う必要がある暴力団離脱者は必死です。合法的に稼げないで追い詰められれば、背に腹は代えられず非合法的な稼ぎに走ります。彼らが組織に属していた時には「掟」という鎖がありましたし、表向きのタブー（麻薬・強盗・泥棒、オレオレ詐欺などの特殊詐欺はご法度など）が存在しました。しかし、離脱者は、そうした掟にもタブーにも縛られませんし、法律遵守の精神が強いとはいえませんから、カネになることなら悪事とわかった上で手を染めてしまいます。正真正銘の元暴アウトロー（掟に縛られぬ存在）の誕生です。

元暴アウトローの増加は、わが国の組織犯罪の性質を一変させ、より悪いものへと変質させているのかもしれません。

たとえば、覚せい剤を暴力団組員が使用すると、表向きは組織の掟破りということで処罰を受けます。実際は黙認していたとしても、組員が警察に覚せい剤使用で検挙されたりすると、破門などの厳しい処分を受けますし、組のためにジキリ（所属する組のために懲役に行くなど、組織のために自らを犠牲にすること）をかけた場合でも、身体検査過程で覚せい剤が出ると、収監期間中、組織による家族を含めた生活保障はなされません。[11]

しかし、暴力団を辞めた人が覚せい剤をシノギにすることには、個人活動ですから対組織の不都合はありません。さらに言うと、彼らが未成年や婦女子に覚せい剤を販売しても（シノギにカタギの未成年を巻き込むのも、組織の表向きはご法度）、組織からは咎めを受けません。多発する強盗や特殊詐欺も、暴力団では忌み嫌われる犯罪です。それらをこなす元暴アウトローのシノギは、犯罪百貨店といっても過言ではないのです。

余談ですが、刑務所における作業報奨金の額は前時代的な金額ですから、獄中離脱しても、出所後に健康で文化的な生活を営めるようなチャンスはほぼ存在しません（自由にできる貯蓄などがある人は別）。冒頭に述べたように就労率は低く、思うように収入を確保することはなかなか困難です。

そのような状況で、生活に窮したときに、一番手っ取り早いシノギは覚せい剤（シャブ）の密売であるということは、その世界で生きてきた人にとって常識のようなものです。シャブを右から左に流すだけで、頑張れば1カ月もせずに100万円は稼げます。報道された芸能人や官僚の薬物疑惑を列挙するまでもなく、現代の日本社会では一般人も含めて薬物のニーズは相当数存在しますし、末端販売価格が安定していますから、シャブを捌く市場には困らないのです。

加えて巷に蔓延している、「オレオレ詐欺」に代表される特殊詐欺犯罪。読者の皆さんも身近な不安・脅威として実感しておられるのではないでしょうか。特殊詐欺にも元暴アウトローが関与していると考えられます。警察庁の捜査第二課・生活安全企画課の資料「平成30年における特殊詐欺認知・検挙状況等について」を見てみましょう。

特殊詐欺犯罪の「認知件数は平成22年以降、平成29年まで7年連続で増加したが、平成30年は16496件（前年比－1716件、－9・4％）と減少。また、被害額は363・9億円（前年比－30・8億円、－7・8％）と平成26年以降4年連続で減少。しかしながら、認知件数・被害額共に高水準で推移しており、依然として深刻な情勢」とあります。

暴排の陰で格段に増加した高齢者の被害

続いて、特殊詐欺の被害状況を表で見てみましょう。これは、内閣府が発表した「令和元年版高齢社会白書」に基づくデータです（36～37頁、内閣府作成「振り込め詐欺の認知件数・被害総額の推移」参照）。なお、被害者の約8割が60歳以上となっています。

振り込め詐欺（オレオレ詐欺、架空請求詐欺、融資保証金詐欺及び還付金等詐欺の総称）のうち、還付金等詐欺の平成30（２０１８）年の認知件数は、１９１０件と前年から減少となった一方、オレオレ詐欺は９１３４件と前年比で7・5％増加しました。また、振り込め詐欺の被害総額は約３４９億円であったとあります。

なお、平成30年中の特殊詐欺に係る暴力団構成員等（暴力団構成員及び準構成員その他の周辺者）の検挙人員は６３０人で、平成27（２０１５）年以降は減少傾向にあるものの、特殊詐欺全体の検挙人員２７４７人中の22・9％を占めており、刑法犯・特別法犯[12]総検挙人員において暴力団構成員等の検挙人員が占める割合が６・３％であることと比較して、依然として高い割合となっています。

また、特殊詐欺の主犯（首謀者・グループリーダー・張本人等）の検挙人員に占める暴力団構成員等の割合は45・3％、出し子・受け子・見張の指示役の検挙人員に占める暴力団構成員等の割合は47・9%であり、特殊詐欺の総検挙人員に占める暴力団構成員等の割合と比較しても、暴力団構成員等が主犯又は指示役となる割合が高いものとなっています。

これらの状況から、昨今は暴力団自体が特殊詐欺事件を主導する場合が多いものとみられ、特殊詐欺が暴力団の有力な資金源の一つになっている状況がうかがわれると、警察庁の公式報告書において指摘されています（警察庁「平成30年における組織犯罪の情勢」）。

福岡県で初めて暴排条例が施行され、全国の自治体に広がった2010年以降、特殊詐欺被害は右肩上がりの増加傾向にあります。もともとは半グレなどのシノギであった特殊詐欺に、暴力団が加担している（せざるを得ない）状況にあることを

25	26	27	28	29	30
9,204	11,256	12,741	13,605	17,926	16,315
5,396	5,557	5,828	5,753	8,496	9,134
1,522	3,180	4,097	3,742	5,753	4,852
469	591	440	428	548	419
1,817	1,928	2,376	3,682	3,129	1,910
258.7	379.8	393.7	375.0	378.1	349.0

見るにつけ、彼らは「暴排社会」から追い詰められているのかもしれません。

現在、我が国の刑法犯認知件数は戦後最低を記録しています。それは、ザックリ見ると、少子化などの影響で青少年犯罪が減じたことや自転車等の窃盗犯罪が減ったこと等が主な要因であるといえます。しかし、一方で、再犯者率の増加や、かつては、暴力団がシノギのターゲットとしなかった高齢者など社会的弱者を狙った犯罪の認知件数が増えている点には注意が必要です。

こうした現状に危機感を募らせた筆者は、日本が誇る安心・安全な社会がターニング・ポイントに直面しており、暴排強化という劇薬の副作用は一般の人々にとっても対岸の火事ではないと考えました。暴力団の脅威に加え、元暴アウトローや

振り込め詐欺の認知件数・被害総額の推移（平成21～30年）

区分　　年次	21	22	23	24
認知件数（件）	7,340	6,637	6,233	6,348
オレオレ詐欺	3,057	4,418	4,656	3,634
架空請求詐欺	2,493	1,774	756	1,177
融資保証金詐欺	1,491	362	525	404
還付金等詐欺	299	83	296	1,133
被害総額（億円）	95.8	100.9	127.2	160.4

資料：警察庁の統計による。平成30年の値は暫定値。

半グレによる匿名性の高い犯罪という社会的な脅威が身近に存在している現状を、この目でリアルに見てきたからです。

「暴力団辞めて仕事が無くても、それは自己責任じゃん」とおっしゃるのは、ごもっとも。しかし、それは裏を返せば、半グレや元暴アウトローによる犯罪被害に遭ったとき、「あなたが無関心だったからでしょ」と言われても仕方ないということになります。

犯罪社会に生きてきた人たちや罪を犯した人たちの更生を、社会で支援する理由、それは「新たな被害者を生まない」、いわば社会防衛のためなのです。

そもそも犯罪者となった彼らでも、平和に、楽しく、希望をもって生活したいという願いがないわけでは決してありません。けれども彼らの多くは、生まれながらにして何らかの社会的ハンデ（貧困、家庭環境の不遇、虐待・ネグレクトなど）があり、真っ当に生きることができなかった人たちが圧倒的に多いという現実があります。

真っ当に生きられない理由の一つは、家庭や学校で、子どもの頃から生活するための訓練（いわゆる躾）がされていないことであると思われます。筆者が従事している更生保護就労支援においても、我々には当たり前と思われること——たとえば、所持しているお金の範囲で買い物をすること、家賃や光熱費などの固定費を収入から差し引いて月の支出計画を立てることなどが出来ない人が結構な割合で見られます。手元にお金が無ければ、お腹がすいても食事が出来ませんから、弁当などを万引きするか、食い逃げをして逮捕されます。

加えて、そうした人たちに指摘される一番の問題は、規則正しい生活が出来ないことです。ですから、例えば就職しても遅刻や欠勤が多く、短期間で解雇されるか、無断欠勤の末に仕事を辞めてしまいます。

こうしてみると、家庭や学校における生活訓練という機会の欠如は、地道な努力による将来的な目標の達成や成功を実現しようとする能力の未熟さを生み、「現在が良ければ＝一時的な快」しか考えられない刹那的な生き方につながっているように筆者には思えます。

このような社会的ハンデにより、成功の望みの無い狭い道に追いやられた人たちが、生きるために罪を犯し、それが日常になってしまう構図を一括りに自己責任で片付けて良いものでしょうか。

「『生まれついた家庭が貧しかったこと』は、本当に自己責任だろうか。固定化された格差から這い上がれないのは、努力が足りないせいだろうか。あなたが今、生活に困窮していないのは、本当にすべてが『あなた個人』の努力の賜物だろうか」と疑問を呈する吉川ばんび氏の主張には、耳を傾ける必要があると思います（吉川ばんび『年収100万円で生きる――格差都市・東京の肉声――』扶桑社新書　2020年）。

生まれた時から背負う社会的ハンデとは

人は生まれてくる家を選ぶことはできません。ですから、家庭環境や貧困など生来的なハンデは、それが遠因で暴力団員になった人たちにとってどうしようもなかったことであり、同情の余地があると考えます。もっとも、不幸な家庭に生まれても非行や犯罪に走らない人もいます。だから「それだって、自己責任なんだよ」と仰るむきがあることも承知しています。しかし、不幸にも濃淡、強弱、割合というものがあります。筆者が聴取した暴力団離脱者の中には、成育環境が不幸の一言で片付けられるレベルではない人もいました。我々が当たり前に享受してきた少年時代の生活が、彼らには望めなかったのです。

先に紹介した公的調査・研究では、暴力団組織への加入につき、家庭環境や地域社会からの社会的孤立が個人を暴力団へ押し込むプッシュ要因であり、暴力団組織所属者とのつながりや交友関係が、個人を暴力団へ引き込むプル要因となっていると分析しています（筆者の持論である暴力団離脱に作用するプッシュ要因とプル要因については第三章で詳述します）。

なぜなら、構成員の暴力団への加入理由を最終学歴別にみたとき、特に中学校卒業者で「暴力団以外に居場所がなかったから」63・9％、高等学校中退者で「信じられる人が暴力団にいたから」32・4％と高い割合を示しており、家庭にも地域社会にも居場所がなかった暴力団加入者の状況が見て取れます。ちなみに、暴力団加入検討時に暴力団以外に「信じられる人がいなかった」とする人の多くが「経済的に苦しかった」ことも加入理由にしています。

この分析は、次項に紹介する人物たちの半生をみても肯定できるものです。

子ども時代の家庭の貧困、親からの放置や虐待が自己責任でしょうか。子どもには重すぎる何かを背負って生まれてきた境遇が自己責任と非難されるべきでしょうか。筆者が考えるに、陽光あふれる船のデッキしか知らない人には、薄暗い船底に木霊する重たい軋みは、想像できないと思います。その重く暗い軋みとはどのようなものなのか――以下、紙幅の都合から、2例ですが元暴の凄絶な少年時代をご紹介します。

そして彼らはヤクザになった

まず、元暴Eさん。彼のことを書くのに、筆者はメモを見るまでもありません。あまりにも凄絶なその人生は、一度聞くと、忘れることができないものでした。子ども時代の概要を、本人の言葉でご紹介しましょう。

ちなみに、この元暴Eさんとは、2014年に関西で出会い、話を聞くことができました。年齢は筆者とほぼ同年で、身長が170センチを少し超えるガッチリとした体格の持ち主です。風貌で印象的な点は、鬼のような入墨の眉毛。太さが通常の倍はあります。『北斗の拳』のケンシロウも真っ青です。暴力団員として生きているときは非常に有効な眉毛であったと思いますが、カタギの中で生活するためには、いつもソフト帽を目深にかぶっていました。指も数本が欠損していますから、バルタン星人のようでした。その後、元の暴力団組織に幹部として戻ったと彼の消息を風の便りに聞いたのは、2019年の秋です。

「おれの家は、親父が指名手配犯やったんですわ。せやから、あちこち逃げ回る生活でしたんや。おれが小学校に上がる前の年に関東で死にまして、オカンはおれを連れて、郷里に帰ってきたんです。そんとき、オカンの腹には妹がいてましたんや。

帰郷して直ぐに、親父の友人いうんがなんや世話焼くいうて、家に出入りし、そんうちにオカンと内縁関係になりよりました。おれとしてはどうということは無かったんですが、ある事件――いうてもしょうもないことですわ――を切っ掛けに、虐待が始まったとですわ。

あるとき、まあ、おれが小学校1年位やった思います。そのオッちゃんから『おまえ、そないにアイスばっか食いよったら腹下すで』と言われたんで、『関係ないわ』というような返事しよったん覚えています。そんなことでも、まあ、殴る、蹴るの虐待の毎日ですわ。こっちは子どもですやん、手向かいできんかったですわ。それからですよ、路上出たんは。

まあ、小学校低学年ですやろ、公園のオッちゃんらのタンタン（たき火）当たりたいですが、怖いやないですか。で、あるとき、気づいたんですわ。こん人らが飲みよる酒（ワンカップ）持っていったら仲間に入れてもらえんちゃうかとね。子どもの手は、自販機に入りますから、相当抜いて持っていきましたわ。案の定、喜びはって『若！』『大将！』とか呼ばれて仲間になってましたわ。

小学校3年位に、おれみたいな仲間とスリ団つくって、電車専門のスリやりよりました。腹減ったら、デパ地下の試食くいまくりです。そないなことばっかしてますと、何度もポリの厄介になるわけですわ。小学生で、新聞にも載った位ワルさしましてん。子どもの頃は、アオカン（野宿）か児童相談所（児相）、教会の養護施設のどれかにおったような気がします。

そないな生活のなか、初めて遊園地や動物園に連れて行ってくれたんは、近所のアニキでした。この人は、筋金入りの不良やってましたんやが、おれら子どもには優しかったんですわ。アニキに連れて行ってもらった動物園、生まれて初めて見るトラやキリン……今でも鮮明に覚えてますわ。いい時間やった。

おれもこのアニキのようになっちゃる思うて、不良続けよったある日、まあ、いつものように年少（少年院）から帰って、妹の通う小学校に行ったんですわ。すると、担任が『おまえの妹はここにおらんで』言うて、児相に行け言うとですわ。『はて、おれのようなワルとは違って、妹は大人しいんやがな』て不審に思いましたよ。で、児相に行って、『おい、兄ちゃんや、帰ったで』言うても、妹はカーテンの陰に隠れよるんですわ。『なんやね、おまえ』言うて、カーテンめくったら、ショックで言葉なかったですね。小学校5年生の妹の腹が大きいやないですか。『なんや、おまえ、どないしたんや』と問い詰めますと、妹は、泣きながら『聞かんといて』言うてました。聞かんわけにいきませんがな、とうとう口割らせましてん。まあ、あの時が、最初に人に殺意抱いた瞬間やったですわ。家に入り込んで、おれを虐待したオッちゃんにやられた言いよりますねん。もう、アタマの中、真っ白ですわ。出刃持って家に帰りましたら、ケツまくって逃げた後やったです。あの時、もし、そのオッちゃんが家におったら、間違いなく殺人がおれの前歴に刻まれとった思います。

ヤクザになったんは、それから数年してからです。動物園とかに連れて行ってくれたアニキと、久々に街で会いまして、『おまえ、どないしてんのや』言うんで、『まあ、不良やっとります』言うたんです。そしたら『そうか、ブラブラしとんのやったら、おれん方来い』と言うてくれました。それからですわ、ヤクザなったの。『よし、おれはアニキだけ見て生きてゆこう。アニキ立てるんがおれの仕事や』と、決心しましてん。アニキと看護婦の嫁さん、それとおれの3人での生活がはじまったんです」

次にNさんの子ども時代を見てみたいと思います。彼も筆者とさほど年齢は変わりません。彼の少年時代はバブル景気前夜ですから、食うや食わずの生活を強いられる時代ではありませんでした。けれどもその子ども時代も、涙無くしては聞けないものです。

「両親は揃っていました。形の上ではですがね。父親は運送業のサラリーマン、母親は街のキャバレーで働いていました。だから、鍵っ子。家に帰っても食事が作ってあったり、なかったり。ない時は、自分でインスタント・ラーメン作って食うていました。兄弟はいませんから、その点は楽やったかもしれません。

幼稚園の頃は、遊園地で撮った写真がありますが、物心ついてからというもの、両親は完全に放置していました。楽しい思い出なんかないですよ。クリスマスもないし、正月もなし。父親はだいたい家に帰ってきません。帰ってきても酔っ払っている。いつもサントリー・レッドのポケットウイスキーを、ズボンのポケットに入れていましたね。休みの日は近所の角打ち屋に入り浸っているアル中でした。帰宅してオフクロと喧嘩するのが煩わしかったのかもしれません。たまに帰宅したと思うと殴られる。でも、私からしたら、父親に対して特別な感情は抱いていました。それは、父親の強さ（肉体的な）

じゃないかと思います。

母親はキャバレーですから、出勤するのは日が落ちてからです。小学校の低学年時代は、出勤するときに近所の人に預けられていました。仕事が終わると、迎えに来るけど会話はない。小学校3年生位で鍵っ子になってからの思い出は、夜中の0時過ぎ、アパートの鉄の階段を上ってくるカンカンカンというヒールの靴音ですね。それが聞こえたら、何か、安心して眠りについていました。

小学校の4年生のある日、突然、母親が帰ってきませんでした。父親は、かなり遅い時間に帰ってきたり、こなかったりの状態ですよ。母親が居なくなり、食い物もなくなりましたが大丈夫でした。この間は、近所のオバチャンとか、友人が何とかしてくれましたから。ほんと、自分みたいな境遇には、どストライクの村ですよ。お互いの連携が強いから、ひとりぼっちじゃないんですね。

でも、これからが悲劇ですよ。1週間もしたら父親も帰ってこなくなりました。食料ない、カネない、育ち盛りですから、給食ではとても足りんですよ。仕方ないんで、近くにあった市場（魚屋、肉屋、八百屋などが入ったバラック建ての商店街）で盗みをしたり、ゴミ箱の残飯を漁って食いつないでいました。朝パン（朝、スーパーの前に配達してあるパンを盗むこと）もやりましたね。この時、悲しいなど感情はなかったですね。とにかく腹は減る、生きていかないけん、何とかしょう、大人には頼れん……それだけでしたね。この時、精神的、物理的に力になってくれたんは、ガキながら、友人や先輩でしたね。（学校の）先生は（何かあったかなと、気づいていたかもしれませんが）何もしてくれんやったですね。

そうそう、母親の失踪の原因は、サラ金の金貸しから逃げるためやったようです。度々、借金取りが来ていました。『お母ちゃんは？』と聞くから、『おらん、帰ってこん』と言うたら、さすがに子どもには何もせんで帰って行きよりました。実は、思い当たることがあってですね、私が相当小さい時、母親に街にある博打場に連れて行かれたことがあります。ここは、女ばかりの博打場で、花札していましたね。賭場内では、碁石をチップ代わりにしていたことを、子どもながら覚えています。おそらく、ここでの負けが込んで、借金したのでしょう。

2週間位後ですか、私が余りにみすぼらしい恰好しとるでしょう。着ているものは毎日同じものですし、薄汚れとる。だから、近所のオバチャンが『お父ちゃんと、お母ちゃんはどうしたんや』と尋ねるから、『しばらく、帰っとらん』と答えましたら、取りあえず、その人の家に連れて行ってもらって飯食わせてくれました。そして、直ぐに近くに住んでいた親戚のオバチャン（母の妹）に連絡して、連れて行ってくれました。これ以降、母方、父方の親戚の家をたらい回しにされるとですけど、両親の家系は関係が薄かったです。親戚とはいえ、私は、ほとんど初対面のような感じでしたから。とりあえず、この両親の子どもを預かるなら、『筋論でいえばココやないか』というようなところで、あちこち回されましたね。

最初に保護されて連れて行かれた母の妹の家は、覚えていることといえば、オイチャン（母の妹のダンナさん）が、恐ろしい人いうこと位ですか。街金、金貸ししよったようで、見た目がヤクザっぽい人でした。この家には、二つ上の従兄、三つ上の従姉がいましたから、夜、寝かされるのは部屋の外、板張りの廊下でしたね。他にも明らかに扱いが違いましたが、とりあえず飯は食わせてくれました。ここの家には2～3週間厄介になりましたけど、面白くはなかった。生きるため……当時、自分の状況を、悲劇だとか、この先どうなるやろうとか、あまり考えませんでしたね。

この家での生活を数週間経験して、ようやくリズムが掴めた頃、オバチャンから『お父ちゃんの身内の家に行きなさい。学校は変わるけどしようがないね』と言われて、ウンもスンもなく、その日から即刻、回されました。

この父方の親戚はＪＲの駅の近くで、酒屋兼雑貨屋を営んでいました。『こんどはどんな家庭やろうか』などという疑問は脳裏をかすめもしなかったですね。ただ、学校に行って、ガラが悪いと思ったことは記憶しています。この地区では当時校内暴力が流行っていて、ニュースになったほどの筋金入りの学校でした。もちろん、校内暴力は中学校ですけど、その兄弟、つまり予備軍がいる小学校ですから、悪くて当然ですよね。当然、転校早々から喧嘩、また喧嘩の毎日ですよ。でも、ガチで喧嘩したら仲良くなるやないですか。ワルはそういうもんですよね。そうして、またまたツルむ連中ができて、悪い事するわけですよ。

父方の親戚ですけど、オイチャンは気の弱そうな人でしたが、オバチャンが私を受け入れていなかったですね。私が転がり込んだことで、家庭のリズムが狂いますから。

たとえば、この家には、一つ上と二つ上の年子の兄弟がいました。風呂に入る時、『お前が先に入ると風呂が汚れる』と言われ、いつも最後に入浴していましたね。トイレすら（大はさすがに別ですが）屋外でするように言われ、寒い冬空の時も、こそーっと外に出て用をたしていました。もっとも、こういうことを、オバチャンに上申する兄弟は、いろいろとムカつくことがありましたから、クラして（殴って）泣かせていましたけどね。それは、子どものルールですよ。腕力の強いモン、度胸のあるモンが上に立つという原則ですよ。

この家に居候しているとき、一番応えたのが、万引きを私のせいにされたことです。この酒屋は、角打ちもする、雑貨屋もする、駄菓子屋もするという何でも屋でした。私が小学校で慣れてくると、友人が店に来るようになりました。そこは新興住宅地でしたから、それまでは『わざわざ』子どもが来るような店ではなかったのです。すると、『物（店の商品）がなくなる』と言い出した。はじめは、私に聞こえよがしに『最近、物がなくなるっちゃけど、変よね〜』とか、言うてましたが、段々、面と向かって言うようになってきました。『あんた、悪いことしようやろ。正直に言いんさい』『あんたが、この家にきてからそげ（このように物がなくなるように）なった』とかですね。当時、私は、悪ガキでしたけど、11歳ですよ。お世話になってる家に、ヤマ返せん（言い返せない）ですよね。身に覚えがないことで責められて、腹立つやら、悲しいやらでしたが、ただ、忍の一字で黙ってこらえていましたね。身に覚えがないことで責められて悔しい、でも、悔しいけど我慢せな、また家を追い出される……それは、少ない人生経験から学んだ私なりの教訓だったのです。

こうしたことがあると、針の筵《むしろ》の家には帰りたくなくなるわけですよ。だから、門限の5時なんかは無視して、仲間とツルむ方が楽しかった。そこで、またまた悪くなって行くとですよね。その頃にワルの基礎体力作ったようなものです」

暴力団辞めたら即カタギ、とは簡単にいかないワケ

人間は社会的動物です。この世に生を享け、最初に社会化[13]されるのは家族社会です。この家族社会から躓くと、その後の人生は危ういものになります。手段の合法・非合法にかかわらず、生き抜くことしか考えません。筆者がこれまでに話を聞いた、前述の2名を含む13人の元暴や現役暴力団員の人たちの家庭環境も大同小異でした。彼らは、子ども時代から非合法的な社会の文化に親しんでいたといえます。子どもの頃にはコトの善悪は分かりませんから、そうした非合法な文化における価値観に染まるのは、彼らの責任だけではないと思うのです。

自分自身、義務教育を父親の判断で殆ど受けられず、家庭内で日常的に暴力を受け、反発し、非行的な文化に染まった後に、そこからやっとのことで抜け出した筆者は、こ

の主張には力をこめたいと思います。

我々が常識と考えることは、暴力団の世界では非常識であり、またその逆も然りかもしれません。いずれにしても、暴力団をはじめとする非合法な社会の文化から立ち直ることは、非常に困難を伴うものであり、社会全体の支援なしには難しいというのが筆者の考えです。

筆者が取材現場で見てきた暴力団真正離脱者の多くは、正業に就き更生するまでの間、合法と非合法の社会をドリフトするようにして、徐々に社会復帰しています。彼らもまた成長過程で、非合法な文化において社会化されてきました。そして、暴力団に加入し、暴力団の文化の中で暴力や脅しが日常的で、犯罪的な生活を送ってきています。このような犯罪組織における文化を、犯罪学では「非行副次文化」あるいは「非行サブカルチャー」といいます。

暴力団社会の文化とカタギ社会の文化とでは、基本的に様々な違いがありますから、カタギ転向する際、離脱者は文化的な葛藤を経験します。それはたとえば、日常的な言葉遣いや態度、習慣というものから、感情の表出の仕方などです。ですから、「今日から足を洗って犯罪とは無縁のカタギになります」と言っても、いきなり別の人間になれるわけではなく、カタギ文化に受け入れられ、そこに馴染むよう努力することで、徐々に立ち居振る舞いが変わっていくものなのです。

筆者が見る限り、社会復帰に成功している人は、地域社会に支えてくれる人がいた場合、あるいは、慣習的な社会に居場所などを持ちえた人でした。社会的に孤立した人、職場などのイジメに耐えられなかった人は、更生に至らず、再犯で逮捕されるか、元の組織に戻っています。

元暴アウトローによるシノギのリアル

これまでに話を聞いた暴力団離脱者の中には、更生しきれず、残念ながら、様々な悪事を重ねている人もいました。具体的には、偽造した身分証明書によるスマホの違法契約・販売、薬物販売、薬物常習者への脅迫、不法侵入した店舗から金庫を泥棒する、などです。また、自分の彼女や仲間などとツルんで悪事を働く人もいます。芝居さながらに絵図を描く手法を業界では「劇団イロハ」と呼んでいますが、取材していた筆者自身も、図らずもこの連携プレーの被害に遭ったことがありました。

元暴力団員によるこれまでの犯罪の報道をいちいち列挙したらキリがありません。そこで、代表的なものと、一風変わった例、そして、特殊詐欺についてご紹介しましょう。

まず、覚せい剤。これは元暴の犯罪としては鉄板ネタです。時事通信2019年3月13日の記事によると、タイ警察が、知人の日本人男性を運び屋にして覚せい剤を日本に密輸しようとした疑いのある元暴力団員を逮捕したと発表しました。容疑者は日本に一時帰国するバンコク在住の男性にゴルフバッグの搬送を依頼。男性が調べたところ、ドライバーから白い粉が出てきたといいます。この粉末は覚せい剤で推定700グラム入っていたとのこと。警察は12日にバンコクの容疑者宅を捜索し、覚せい剤4・46グラム、大麻0・063グラムなどを押収。薬物の販売目的所持容疑で逮捕しました。日本の覚せい剤市場は、現在に至るまで暴力団が管理している関係で、高値で取引され、同時に、値崩れしないことから、裏社会では、多少リスキーであるものの、堅実なビジネスとして支持されています。

覚せい剤の密輸に関してよくある事例は、体内に隠して日本に持ち込むという方法です。この方法は、もし、体内で覚せい剤が漏れたら命とりですから、とてもリスクが高い密輸方法です。しかし、同様のスタイルは、その筋の密売では依然として行われています。

筆者が就労支援をした元暴（50代）にも、この方法で覚せい剤を国内に持ち込んで逮捕された人がいます。その手口等を、当局の調書「犯罪概要」から見てみます。

本人と共犯者3名A～Cは、元暴で反社周辺者（筆者の解釈）Dらと共謀の上、営利目的で、覚せい剤を輸入しようと策略。国外で覚せい剤をポリ袋に入れ、透明な粘着テープで球状に巻くなどして175包に小分けした上、A、Bがこれを飲み込んだり肛門から挿入したりしてそれぞれの体内に隠したほか、全員が履いていた靴の中に隠して国際線に搭乗し日本への密輸を図りました。が、空港内にある税関支署入国旅具検査場の携帯品検査で職員が覚せい剤を発見して逮捕に至ります。

なお、この犯罪事実に対し、元暴である本人は、「動機・原因の補足」において、次のように供述しています。

「当該覚せい剤は中東の○○国製であり、直接輸入する予定であったが、手違いで東南アジアのマフィアに渡ってしまい、そこを経由して仕入れることになった。報酬は40万円で、10グラムに小分けされた袋状の物（ビニール製キッチン手袋の指の部分に10グラムの覚せい剤を入れ、ミシン糸で上部を縫って二重にテーピングしたもの）を30個飲み込んで犯行に及んだ」

犯行を振り返り「長期の受刑と引き換えに高い外国旅行になった」と述べています（現地の動物園など観光に行っている）。

この「本人」は、もともと公務員でした。十数年勤務し、中間管理職に就いた頃に、職場で上司との確執が原因で傷害事件を起こして離職の末、暴力団に加入しています。しかし組織の方針が自分の考えと合わずに離脱し、何度も転職をする生活を送りながら、一方で詐欺や窃盗などの犯罪を重ねていたようです。ちなみに、転職理由を尋ねると、「最近の若い奴は仕事も出来ないのに、上から指図して生意気だ」と言い、若い上長との人間関係が理由で辞めたようです。

次に、元暴力団員の泥棒の例を挙げましょう。新潟県佐渡市では２０１６年6月ごろから、漁師が翌日の競りに掛けるため、港でかごに入れて生かしていたアワビやサザエを狙う窃盗事件が相次ぎました。この海産物窃盗の犯人として検挙されたのは、元暴力団員の男（26歳）と漁師の男（31歳）でした。２人は6月上旬に時価1万４０００円相当のサザエ約30キロを盗んだ疑いが持たれており、それまでに確認されている被害は５００キロ余りに上るといい、現場の事情を知る現役漁師を巻き込んだ犯罪です。

最後に特殊詐欺ですが、これは現在、余りに普及し、多様な形態がありますから、筆者にもその全貌は分かりません。後述する、筆者が話を聞いた半グレなども、いずれも何らかの形で特殊詐欺に関与していました。

暴力団の弱体化と時期を同じくしてオレオレ詐欺をはじめとする特殊詐欺発生件数は右肩上がりになっていますし、半グレの勃興と併せて活性化しています。糧道を絶たれた暴力団、元暴アウトローが裏で仕切っていることは想像に難くありません。特殊詐欺に従事していた元暴アウトローの気になる証言があります。特殊詐欺には犯罪ネットワークを有する犯罪のプロの存在が不可欠であると認めています。

「例えば、今、流行ってるようなタイやらフィリピンから日本に詐欺電話をかける方法。これはあっち（の国）の組織と繋がってなければ無理だし、拠点となる家を借りたり、電話やパソコンなどの道具、かけ子の募集費用や渡航費用、当面の運営費だけ考えても〝億〟はいる。そんじょそこらの半グレ風情が集まって、はい、やりますよって言ってもできないんですよ」（NEWSポストセブン　2020年2月23日）

拙著『ヤクザと介護　暴力団離脱者たちの研究』（角川新書　2017年）の主人公も、覚せい剤の取引でマチガイ（問題）が生じ、急遽金策に追われました。そこで、「オレっち（オレオレ詐欺）」をシノギにしていた仲間と組んで出し子を用意したところ、出し子が警察に捕まったことから逮捕されています。この主人公いわく、「関東には、地方の極道（ヤクザ）稼業で食えなくなった奴が流れ込んでいる。組織は、そうした連中に盃をせずに、シノギの手先として使っている」。

２０１８年10月20・21日に福岡市の西南学院大学で開催された第45回日本犯罪社会学会におけるテーマセッション「暴力団対策――加入と離脱の今日的課題」（筆者はコーディネーターとして参加）で登壇した、府中刑務所暴力団離脱指導講師の中林喜代司篤志面接委員も、暴力団構成員のアングラ化を指摘しています。

「大幅な組員の減少背景には、排除逃れのための非組員化、偽装破門等の暴力団側の事情と、組員側の真正離脱者や偽装離脱者、そして離脱を目指しても報復を恐れ所在不明になっている組員等の存在が窺われるところである」

盃が切れた彼らは、元の組だけでなく、どの組にとってもいわば使い捨て要員といえます。暴排社会に追い詰められた元暴を使っての犯罪のアウトソーシング化です。先述した、元公務員で、かつ元暴である覚せい剤の運び屋で逮捕された人などは、まさにこの使い捨て要員に該当するのでしょう。

暴力団のアングラ化と形式的離脱の可能性

暴力団構成員数が過去最低＝暴排の成果だと、素直に喜べない現状がご理解いただけたでしょうか。

筆者からすると暴力団構成員の減少は、「チラシ」の増刷によるものではないかという疑念すら生じます。チラシとは破門状や絶縁状など「処分状」の隠語であり、処分された本人にとって不利益なものです。もし、「状が回った」となれば、その世界では食えなくなるシロモノでしたが、暴排条例施行以降は、少し趣が変わってきているように思えます。

一言でいうと、シノギのために手段を選ぶ余裕が無くなった暴力団が、マフィア化する布石である可能性が否めません。いまの世の中は、暴力団の代紋は邪魔になるだけです。名刺も切れないなら、代紋は組員の精神的支柱以外の意味を持ちません。

かつては暴力団のステイタスであった代紋のバッジも、義理事などイベントの場以外は、スーツの襟に付けることができなくなりました。イベントが終われば代紋バッジは組が回収します。本来は、各自が持ち帰り、神棚に飾った代紋バッジは、組事務所の金庫に眠ることになったのです。組幹部が親分に対して「何で代紋（バッジ）を持って帰ったらあかんのですか」と、抗議している場面を目の当たりにしたことがあります。
こうしたご時世で食えないから、形式上、組員に籍を抜いてもらい（偽装離脱）、経済活動（合法・非合法を問わず）に専念してもらう方が、組織としては安全で、かつ助かるのです。[14]
シノギは、フロント企業で合法的に稼いでもらうことが望ましいのですが、それができないとなると薬物の密輸・密売、特殊詐欺などで稼ぎます。万一、警察に検挙されても、形式的に「破門」されていれば、お上も暴力団対策法を根拠に、組織の上層部に使用者責任を問うことはできないからです。[15]
社会復帰に失敗して元暴アウトローの生き方を選んだ人は、自ら組織の「掟」という鎖を外しましたが、暴排推進によりシノギが先細りした暴力団は、あえて組員の鎖を外し、「掟」の外に出向させているおそれがあります。暴力団でシノギが無いのは、首が回らないのと同義ですから、追い詰められた組織は、知恵を絞ってシノギを考えなくては生き残れない時代になりました。

暴排や反社対策は、オールジャパンで議論すべき

こうした事例からも、暴排や反社対策を強硬に進めながら、当局が、暴力団排除の後の整備を十分にデザインしていなかったことから、日本の裏社会が混沌としてきていることがお分かりいただけると思います。いま、このタイミングで、安心・安全・健全な社会実現の方策を考え、後世に残すために試行錯誤するのは、現代を生きる我々一人ひとりの責任だと思います。決して当局任せにしていて自然にできるものではありません。

我々一般市民の排除社会に対する無知や無関心が、最悪の事態すら生みだしかねないと警鐘を鳴らすのは、弁護士の安田好弘氏です。安田弁護士は言います。「暴追センターの下には民間の運動体も組織されている……そこからは、差別と排除の思想が拡大再生産されるのではないだろうか。風紀委員が跋扈する社会、それは居心地が悪いだけではすまない。恐怖であり、危険、私は大いに危惧している」（東海テレビ取材班『ヤクザと憲法』岩波書店　２０１６年）。この見解は、表の社会が警察国家と化して、権力によって（一度貼られたら、なかなか剝がれることのない）反社ラベルを貼りまくる息苦しい世の中の到来を懸念したものです。

我々が日々快適に過ごす環境を改良・維持するのは、お上が考え施行する「法」とい

うハード面だけではありません。「住民の主体的な街づくり」というソフト面も必要なのです。元暴アウトローの跋扈、半グレの台頭という社会的脅威を見ても、暴力団離脱者更生支援などの問題を行政任せにすることなく、いま、我々一人ひとりが現状を理解し、身近な問題として捉える——トップダウンではなく、ボトムアップの政策を、我々の頭で、自らの手で、模索してゆくべき時期に来ていると考えます。

暴力団排除に対する無知や無関心が引き起こす「風紀委員が跋扈する社会」というオモテ社会の問題。追い詰められ社会に牙をむく暴力団員、行き場のない大量の暴力団離脱者から転じた元暴アウトローや、新興の犯罪集団である半グレが暗躍するウラ社会の問題。この何れも、我々一般人にとって、犯罪と隣り合わせになりやすい危険性を孕んでいるように思います。

この事態に効く処方箋とはなにか……現時点でその問いに明快な回答を見出すことはできません。それこそ、官民問わず、オールジャパンで議論しなくてはならない問題でしょう。政策という森を評価するためには、木を知らずしては為し得ません。木を見て森を見ず、また、森を見て木を知らずでは、実効的な政策は生まれず、安心・安全な社会は実現されないと考えます。

実際、「反社会的勢力」とされるウラの社会は今どうなっているのか。

筆者が2014年から15年にかけて行った対面式の調査に基づく暴力団離脱研究に、2016年、2017年に執筆のために聴取した二つの事例を加え、暴力団離脱者や現役組員の離脱観について、彼らの実態を、出来るだけリアルにご紹介します（第三章）。また、2019年の秋以降、西日本を中心に、10代から40代の半グレに直接面談・取材した、シノギの悪質な実態なども併せてご紹介します（第四章）。

筆者の取材は、暴力団や半グレなどでも、その筋の有名人に対して行っているものとは趣を異にします。聴取は、我々の街に住む、いわゆる市井に生きる等身大の暴力団員や元暴、半グレを対象としています。ですから、読者の皆様が生活する街に存在する、いまそこにあるアンダーグラウンドのリアルを垣間見ていただけると考えます。

現代の日本社会のアンダーグラウンドで何が進行しているのか、その一端を知っていただいた上で、読者の皆様と、新たな犯罪被害者を生まないために、安心・安全な社会のために我々にできることについて一緒に考えてみたいと思います。

第三章　現役幹部と離脱者の胸中

ヤクザ、暴力団員やその周辺、そして離脱者はどのような人生を送り、何をどう考えているのでしょうか。

この章では、２０１４年に日工組社会安全研究財団の助成で筆者らが行った暴力団離脱者の意識調査に、16年、17年に新たに聴取した2名のデータも加え、それらを概観したいと思います。近年行われた暴力団構成員や離脱者に対する公式な面接調査はこの14年の筆者らの調査と、筆者が有識者委員として関与した公的機関による18年度の全国的な公的調査・研究以外に存在しません。

13人の暴力団離脱者、現役組員たちへの聞き取りから

２０１４年から筆者が調査した調査対象者（うち10名は、２００６年に博士論文の執筆で訪

れた関西の調査地点「I牧師の教会」で知り合った人たちから広がった人脈です）全員を紹介すると長くなりますので、紙幅の許す範囲で、特に印象に残った人、現役組幹部、2016年以降、新たに話を聞いた人など8名に絞ってご紹介します。

以下、Gさんは、2011年の秋から翌12年にかけて、筆者が潜り込んだテキヤ一家の若中頭をしていた方です。

ほかNさんとPさんは、著作の主人公としてライフヒストリーを伺いました。筆者の調査は社会学に基づく科学的な調査ですから、特に複数回面談ができてデータの質を担保し得た方のみ紹介します。また、筆者が知る限りで彼らの調査時以降の状況も追記していますが、基本的に年齢や肩書などは、調査当時のものです。

●Aさん（入墨あり、指詰なし、最終的な地位は組織会長　2017年に現役復帰）

Aさんは調査時点で41歳、その2年前に会長まで務めた組織を離脱しています。身長は170センチほどであり、中肉中背の体格をしています。後述するJさんの紹介で調査協力を快諾してくれたAさんとは、2014年5月13日に会いました。待ち合わせの駅前から、Aさんが懇意にしている近隣のスナックまで、彼は自分のクラウンを運転しながら筆者に調査目的や、その意義などを尋ねました。

紺のビジネススーツを粋に着こなしたAさんは、一見すると、人当たりのいい快活な雰囲気を持っています。しかし、時折見せる鋭い眼光や話し方は、暴力団の親分であった時代の鋭さを垣間見せるのでした。

Aさんが暴力団の道を歩み始めたのは、近隣でカリスマ的ワルであった兄貴分を慕い、その子分となった16歳の時からであるといいます。

「いまでもそうですが、私は義理人情を体現したいと考えています。それが、ヤクザになった理由の一つです。後悔はないですね。我々の組織は、中国の小説『水滸伝』の現代版やないですか。私は何度も読みましたよ」

こう力強く語ります。Aさんが暴力団の正規組員として名乗りを許されたのは、23歳の時です。話の内容から察しても、彼が所属していた組織は大きな組織の直参か、それに近い格式があったように思えます。

罪名は本人の希望により詳述できませんが、組のために短期の懲役を済ませたAさんは、出所後に若中頭に就任。組織の大黒柱として腕を振るいます。しかし、「負けることが嫌いな性格」であり「出る杭は打たれる」から、彼は五つの組から命を狙われたといいます。所属組織は、それらの組織に詫びを入れるようAさんに勧めたそうですが、それを拒んだために34歳の時に破門されました。

破門した親分は、16歳の頃から5年の間寝食を共にし、Aさんが暴力団に入るきっかけとなった憧れの人でした。兄弟分としての信頼関係が醸成されていたと信じていたとのことで、処分への失望と不満は大きかったと回想します。Aさんはこの処分に激昂し、組事務所を物理的に破壊した上で、その組織に所属する子分の半数を連れて、新たに自らを頂点とする別組織を結成するに至ったといいます。

公務執行妨害で短期服役後、38歳で組織の会長に就任したものの、翌年、再び上部団体の若中頭ともめ事を起こしたことから、直系組織存続のために、素直に除籍という処分を受け入れ、カタギの生活をはじめました。

しかし、暴力団も人手不足です。ヤリ手の若い元幹部を放ってはおきません。本調査後の２０１７年、組織に請われて再び組長としてカムバックしています。

復帰前のカタギ時代に結婚し、現在小学生の息子がいます。喫煙者の彼は、息子が生まれてからは、室内でタバコを吸いません。毎日顔を出す居酒屋の片隅で、息子と戯れるAさんを見ていると、彼が暴力団の親分であることが俄かには信じがたい時があります。Aさんは、息子の成長が最大の楽しみといいます。もっとも、Aさんは組員を抱える暴力団の親分ですから、シノギは非合法なものです。具体的な内容だけは、筆者が何度尋ねても教えてくれませんでした。

●Eさん（入墨あり、指詰あり、最終的な地位は若中　2017年に現役復帰）

Eさんも Jさんに紹介された調査対象者です。Eさんについては第二章でもその生い立ちを紹介しました。調査では複数回にわたり、最も長時間面談した情報提供者であるといえます。

Eさんは調査当時47歳、身長170センチを少し超える重厚な体格をしています。いつもソフト帽を被っていますが、それはファッションのためではなく、眉の入墨を隠すためでした。背中には一面に入墨があり、両手の指が3本欠落しています（左の小指は2回の指詰により第二関節から欠損している）。物静かな人物であるがゆえに、その迫力は倍増します。これまで筆者が面談したなかで、彼が最も威圧感のある調査対象者でした。

17歳で恐喝と覚せい剤所持で補導され、家裁から逆送。1年半を少年刑務所で過ごすことに。ここはイジメもひどく、暴力は日常茶飯事だったことから、Eさんは「少年刑務所で性格が変わった――少々の恐怖には動じなくなった」と言います。この刑務所を満期で出たのが1986年、ちょうど山口組と一和会の抗争が終結に向かいつつあるタイミングだったそうです。

22歳の時、偶然、憧れの兄貴（前述）とラウンジで再会し「おまえどないしとんのや」と声をかけられました。Eさんは「ワシ、仕事もできんし、不良やっとります」と答えたため、その日から、兄貴のマンションで、兄貴、看護師の奥さん、そしてEさんの共同生活が始まったそうです。

Eさんは、ヤクザ時代を回想して次のように語りました。

「初めは必死やったが、2、3年したらいろいろ見えてきますわ。たとえば、人間関係も複雑やし、言っていることとやってることが違う。この人らの神経回路、どないなっとんのやろうか……そう思うことも度々でしたわ。ただ、ワシは、この世界では、アニキだけ見よう、アニキに付いて行こう、それしか考えんかったですから続けられたんと思います」

24年に及ぶヤクザ生活の幕引きは兄貴の死でした。兄貴が病院に入院しているとき、事務所の仕事を二の次にして見舞いに行っていたEさんを、親分は「事務所ほったらかしにして、勝手に見舞いに行きくさって」と厳しく叱責。この一言が、日本一の親分やと慕っていたEさんの信頼を揺るがせました。

兄貴が死んだときの気持ちをこう振り返ります。

「ワシはヨレて曲がって、人生終わった思いましたわ。そん時、側にいてくれたんが今の嫁さんです（小学校の同級生、再会の1年半後に結婚）。嫁がおらんかったらワシ、死んでます。一時は何度も前妻との娘に『もう会えんかもしれん』と電話しましたんや。でもこの年になって孫も抱ける。全力で愛せる対象があることは幸せや。それをもっと強固にしたかった」

２０１２年に自ら指を詰めて組を離脱しました。

当時、将来の不安はなかったかを問うと、兄貴の重篤期間が長かったため、先のことは何も考えていなかったと答えました。現実は、カタギの仕事をしようとして何度も職安に足を運んだが、指がない、眉に墨が入っていることから日雇いしか仕事がない。「嫁も指がないし、モンモン入っている」から、就職は難しい。何より、カタギの仕事（建設現場）をはじめたら、イジメにあい「怒りで身体が震えることが何度もあった」

——と苦労を語りました。

「そんな状態ですから、塩水飲んで、砂糖なめてしのいだこともありますが、今はJさんたちが面倒みてくれるから、米が食えんことはない。嫁や孫に洋服の一枚も買ってやるためにも、カタギで頑張ります」と筆者に決意を述べていました。実は、調査期間中に元の所属組織から「復縁しないか」という誘いが入り、Eさんは、組の人間と会いに行きました。

「そりゃあ揺らぎます、人間は弱いです。しかし、私は貧しくても嫁との生活を取りたいですわ。娘や孫と会えんようなる危険は冒したないですわ。オヤジ（親分）とは会わんで帰ってきました」

その後、親分からも組織への復帰を打診されましたが、Eさんはついに首を縦に振ることはありませんでした（筆者が知る限り、二度打診があった。一度は若中頭を通じて。二度目は親分直々に、Eさんの借金の肩代わりを条件に組織への復帰を要請）。

ただし残念なことにEさんは覚せい剤と縁が切れませんでした。濫用が進行し、調査者（筆者）とのトラブルも生じたこと、主たる調査地点のグループから追放されたことから、2015年8月11日の面談を最後に、調査終了を余儀なくされました。

2019年にはEさんを知る人から、2017年頃に元の組織に戻って幹部のポストに就いており、自分で飲み屋も経営し、上手くやり繰りしている、と聞きました。

●Fさん（入墨あり、指詰あり、過去最高の地位は組長秘書　現役組織幹部）

Fさんも J さんに紹介してもらった現役の暴力団幹部です。年齢は50歳、身長は１６５センチと小柄ですが、背中から足首まで全身に入墨を施し、見る者を萎縮させる迫力を備えています。

Fさんは13歳の頃から組の事務所に出入りしていたといいます。当時、Fさんの近隣では、「暴走族１００人おったとしたら、その内の６～７割はヤクザになった」そうです。しかし、多くは脱落してゆくのが常であったとのこと。脱落するかどうかの分かれ目は、「出会う人で決まる」そうです。Fさんは、前親分との出会いがあったから、頭角を現せたといいます。

Fさんの少年時代は、13歳の教護院にはじまり、14歳で初等少年院、15歳で中等少年院、16歳で特別少年院、18歳で家裁逆送され少年刑務所を経験、成人後も５回の入所歴があるため、「人生のほとんどは塀の中やな」と回想します。

ヤクザとの付き合いを深めたきっかけは、教護院で知り合った地元出身の一つ年上の先輩の誘いによるものでした。そして、23歳の時、前組長に出会って「この人の若い衆になりたい」と加入を決意し、正式に盃をもらったそうです。ヤクザの生活は「エエ時もあれば悪い時もあった」。「エエ時」は月に300万も入るが、「悪い時」は50万円位しか収入はない。「まあ、とにかく、親分との信頼関係を日々積み重ねることに一生懸命やった」と、Fさんは振りかえります。

Fさんの組は規則が厳しく、在籍中に破門を2回、絶縁を1回経験しているそうです。しかし、「前のオヤジ(組長)は、そんなワシをヒトマワリ(一定期間組織から追放すること)で戻してくれよった。まさに、極道人生、上ったり下ったりの連続やった。その間、いつ離脱してもおかしくなかった」とFさんは回想します。しかし、「まだ辞めれんといつも思う」とも言います。

「ウチの組に限ったことやないけどな、いま、簡単に組を抜けよる。下手打って指詰めるんなら辞める。飛ぶ(逃亡する)奴も多いな。ただ、飛んだら地元におられんで。一番やっかいなんは、たとえば、自分が下手打って人(他の組員)が逮捕されるやろ、そしたら、そいつは警察に助け求めるわけや、離脱したい言うてな。組に損害与えて辞めるいうんが、一番いかんな。あと、女の人に流される者も多いのは事実や。ウチの組にも、嫁がヤクザ嫌がるから、辞めさせてくれ言うんがおった。ウチの組は離脱で指取らん（指詰を強要しない）。そんなことしたら、親分がパクられるしな。しゃかて、若いのが『墨入れたい』言うて、墨代出してやっとる……いくらする思う？　最低60万やで。月々の給料（20万）払ってきてな、簡単に『辞めたい』言うても、ワシらとしては納得いかんな。いずれにせよ、飛んだり、組に迷惑かけて辞めた人間は、地元にはおれんようなるな」

Fさんについて2017年に耳にした噂によると、某組織の跡目を継いで親分になったとのことです。

●Gさん（入墨なし、指詰なし、最終的な地位は組長）

Gさんはテキヤ組織の親分です。Gさんとは、2012年12月に知り合い、今日まで、様々な場面で情報を提供してもらっています。調査当時の年齢は41歳、165センチと身長は小柄ですが、タカマチ（縁日などで屋台や露店が並ぶところ）が立つ大きな祭りでは、Gさんのテイタ（店を出す場所割の采配）が不可欠でした。

筆者は2012年12月24日以降、Gさんのテキヤ従業員の面接、テキヤの商売現場、他の親分への挨拶等の機会に加え、Gさんの妻の出産など、様々な場面に同行しています。筆者の記録調査には、2014年4月2日、地元組織が開催する花見の宴席の挨拶に同行する際、調査趣旨を話し、Gさん自身の協力を快諾してもらいました。

Gさんは、2013年9月15日のタカマチの店先で、筆者に対して組織を離脱したいと語っていました。

「子どもも生まれるし、おれには守るもんがある。いつまでもこんなことできんばい。最近、親分が訳のわからんでくさ、木刀でボコボコやられよったい。いや、売り上げが落ちとうとやないけん、訳がわからん。他の若い衆もやられるったい……だけん、辞めてくさ、おれは地元で自店やりたいったいね。ばってん、『ところ払い』とかなったらなあ、関西の親戚が居酒屋しようけん、そこば頼らんといけんたいな。まあ、指（指詰）はしゃあないたい覚悟しとうし、ケジメやけんね。11月の子どもが生まれる前に（指は）落とすばい。だけん、11月3日の商売（某町内の祭り）は、兄弟（筆者のこと）と最後の商売がしたかったたい。どげんかして付き合ってやらんね」

筆者は、離脱はよいとしても、指詰はしないほうがいいと説得していました。奇しくも同時期に大親分が他界したことから、指詰は無用となりましたが、Gさんは組織の重要なポスト（対外折衝）を意に反して請け負うこととなりました。最後のバイ（商売）の時、「いやあ、指せんでようなった（指を落とさなくてよくなった）。これでカタギになっても生きてゆけるかもしれん。兄弟、ありがとな」と、筆者が再三、指詰を止めたことに礼を言われました。

その後、Gさんは「組織の代替わりのゴタゴタが収まるまで面倒を見て」、2014年の末に離脱しました。年が変わった正月、筆者を家に招き、「何年ぶりかいな、家で家族と一緒に正月できるとばい。カタギは大変やろうばってん、なんか、肩の荷が下りたばい」と、緊張を解いた顔で離脱の感想を述べました。現在は、トラックでのルート配送をしながら、家族と共に実母の住む故郷で生活しています。

●Iさん（入墨あり、指詰あり、最終的な地位は若中頭補佐）

Iさんは教会を運営する牧師です。調査時点のIさんの年齢は51歳。身長は160センチと小柄ですが、格闘技を好むIさんは身体のトレーニングを欠かさないために、ガッシリとした体格をしています。

Iさんも一見して、元暴のようには見えません。しかし、欠損した小指、背中一面に鮮やかに和彫りされた龍虎は、彼が暴力団員であったことの歴とした証明です。さらに現在でも威圧感を端々に留めており、人の道を諭すときの強い視線は相手を圧倒します。

2014年5月3日に教会を訪問し、暴力団の離脱実態に関する調査に協力をお願いしたいというと、Iさんは大変興味を示し、そのような研究は、是非盛んにしてほしいとの感想をもらいました。

なぜなら、Iさん自身、かつて暴力団を離脱した際に職業社会に復帰するために大変な苦労をしたこと、さらに、牧師になってから、暴力団離脱者の支援（住宅確保、身柄保護、職業紹介、生活保護申請支援等）に尽力してきたことから、暴力団離脱者が直面する諸問題を、身に染みて認識しているからだと言います。

Iさんは高校に進学しましたがすぐに退学し、ラーメン屋のバイトなどをする一方で、暴走族に属していました。その間、鑑別所入所を経験。出所後、暴走族の先輩の紹介で地元の暴力団に加入したのが18歳。以降、彼は着実に暴力団社会のヒエラルキーを上昇していきました。しかし、28歳の時、組織内のトラブルから拉致監禁された仲間を救出に行った際、相手の組員に日本刀で切り付けられ、同行した2名は重傷（その後一人は回復せずに死亡）、Iさんは九死に一生を得る経験をしました。さらに、Iさんは所属組織からスワット（組長のボディーガード）に任命されましたが、家族、とりわけ3人の子どものことを考え、同年、暴力団を離脱しました。

離脱後は、地元の知人の支援を受けつつ、神学校に通う傍ら、飲食店の皿洗い、ガードマンなどの仕事をして、糊口をしのいだといいます。二つの神学校を卒業し、現在、Iさんの牧師人生は24年目を迎えます。牧師になって地元で伝道していた当初は、他の組の暴力団から様々な脅迫や嫌がらせを受けたといいます。それでも歯を食いしばって耐えてきたIさんを頼って、これまで数多くの暴力団離脱者が教会に来ました。Iさんは彼らを教会の寮に匿い、様々な生活支援を行っています。この活動を今後も引き続き行ってゆくというIさんの決意は固いものがあります。

●Jさん（入墨あり、指詰あり、最終的な地位は若中）

前述Iさんの紹介で2006年に知り合ったのがJさんです。2人は同じ小学校であり、「一緒にアヒルに餌をやっていた」という竹馬の友。調査時点においてJさんの年齢は50歳でした。暴力団離脱後、長年、建設作業員として働いてきた170センチ程の骨格はガッシリとしています。しかし、残念ながらシノギの生活に戻ってしまってから、腹部に贅肉が付いたと言って嘆息しています。

Ｉ牧師はすでに、現役組員だけでなく、暴力団を離脱してもグレイゾーンで活動する者とも接点はありませんが、Ｊさんは調査当時、グレイゾーンのシノギをしていた関係から、両方の世界に顔が利きました。調査中の筆者に、元暴の調査対象者を紹介するにあたってＪさんはひとつの条件を出しました。

「今回、ワシが紹介する奴な。ヤクザちゃうが、まあ、いろいろシノギやっててんねん。ヤクザ辞めてシノギやるいうたら、大体、似たようなやっちゃ……たとえばやな、偽造、窃盗、そして、品物（覚せい剤）や。せやから、離脱の話は聞いても構わんが、何してシノいでいるかは聞かんでや。まあ、聞いても言わん思うがな」

Ｊさんは中学に行って「グレ」出し、非行仲間の一員となりました。非行に手を焼いた両親が親戚の家に預けましたが、そのいとこの彼氏がテキヤであったことから、16歳で高校を中退してテキヤに入りました。その後、すぐに地元の暴力団に加入し、博徒としての道を歩み出すことになります。Ｊさんは博打の才覚があり、じきに胴師として組には欠くことのできない人材となりました。Ｊさんが所属していた組の博打場は常盆（常設）であったことから、夜昼なく仕事をさせられ、眠気を抑えようと次第に覚せい剤中毒の深みにはまってゆくことになったそうです。

27歳で結婚、28歳で第一子をもうけたJさんは、自身の覚せい剤中毒症状悪化に加え、家族のためにと離脱を決意。親分が代替わりしたタイミングの30歳で暴力団を離脱しました。

今でもJさんは「兄貴分がとてもいい人間だった」と回想します。離脱したJさんに、兄貴分は他県にあるホテル内の居酒屋を与え、Jさんを店長にして管理を一任しましたが、経営経験に欠くJさんは、そこで利益を上げることができなかったようです。後に、運送業、建設業と仕事を変えましたがいずれも長続きしませんでした。その過程でJさんは離婚。やがて幼馴染のIさんと再会し、教会に来ることとなったそうです。

教会に在籍していた頃のJさんは、とても熱心な信者でした。路傍伝道も先陣をきって行っていました。そんなJさんは、信徒の女性と結婚し、約10年間、建設業のサラリーマンとして「毎日、タイムカード押すマジメな生活をしていた」のです。

その後、Jさんの地元で再会した筆者は、彼が教会に行かなくなったことを知りました。

「ワシの（中学校の）同級生見るとな、しょうもない奴でも家もって、そこそこの暮らししよる。せやかて、ワシなんかなんもあらへん。10年間、汗水流して一生懸命働いてみてもやな、神様が何してくれんのや」と言い、「今は、建設業の人足面倒見よるんや。まあ、人足の頭数合せてピンハネしよるんやが、そいつらには飯食わしてやったり、ワシは結構面倒見いいんやで」とのことでした。

生まれ育った地元に帰ったJさんは「まあ、いろいろやったが、今（の生活）が一番性にあっとんな。生まれ育った地元やし、仲間もおる。これで、カネが回ったら、言うことないんやがな」と言います。たしかに筆者の感覚では、彼のシノギ（ついにJさんはシノギの全容を筆者に教えてはくれませんでした）が順調に行っているようには見えませんでした。

なお、Jさんは、2016年からは交際する女性と一緒に運送会社の業務に就いて真面目に働いており、最近では常勤雇用になったと聞いています。

●Nさん（入墨あり、指詰あり、最終的な地位は組幹部）

身長178センチほどで、体型はやせ型です。彼を知る県警のOBも、「昔からヤクザっぽくなかった」と言います。しかし、その眼光には現役時代の鋭さが残っており、話をする時は真っすぐに相手の目を見ます。

Nさんと知り合ったのは２０１７年8月、調査を開始したのは12月でした。当時の年齢は51歳、Nさんは半年前にはじめた飲食店が軌道に乗り、多忙な仕事の合間を縫っての取材となりました。

Nさんは、地場産業的な地域密着型暴力団組織組員の典型例です。

その地域で生まれ育ち、不良グループを統率。成人後、若くして自店を持ちましたが、当時は当然のようにあった地元暴力団へのみかじめ上納に嫌気が差し、「人に商売の上前ハネられる位なら、自分でハネたらいいやんかと思うようになり、力に屈したくないけど、一人じゃ対抗できない。それなら、いっそ力のある側に回ってやろうと考え」、20代初めに組織の門を叩いています。暴力団事務所に出入りするうちに盃をもらいました。その当初から、ヤクザっぽくない彼の風貌は重宝され、25歳の頃から親分の秘書をこなすと同時に、街の人たちのよろず相談の窓口的な役割も担っていました。

暴力団が栄えた時代、ちょうどバブルの後期。Nさんは暴力団組織の出世街道を邁進します。Nさんが所属していた組織は直参でしたが、いわゆる枝と呼ばれる三次団体でした。その組織から一次団体の本部当番、そして大親分の本家当番をするようになったことが、彼のヤクザとしての人生を大きく変えることになりました。

Nさんが所属していた組織は、後年、日本で唯一特定危険指定暴力団となった組織でしたが、その地方では最大級の勢力がありました。その大親分の下で、朝から晩まで極道修行をしたことが認められ（多くの人が途中で挫折するほど厳しい試練を経験するそうです）、専務理事という役職にまで上り詰めました。

Nさんは暴力団幹部の常で、組織のために2回ほど服役しています。1回目の服役の時、大親分は体調を崩し、他界しています。その時の懲役はロング、つまり長期刑で、彼の出所が近づく頃には組織の体制や世間の暴力団に向けられるまなざしも大きく変化し、彼を悩ませました。

とりわけ、カタギを傷つけるようになっていた組織に嫌気が差したNさんは、2回目の服役の時に拘置所内で脱退届を書きました。そして、マイナスからのスタートを自身に誓い、最後となる短期の服役の後、郷里の飲食店に修業に行き、生まれ育った街の商店街の一角に、自分の店を構えました。

筆者はその商店街の人たちにインタビューした際、様々な意見を聞かせてもらいました。最初、近所の人たちは、Nさんを受け入れるかどうか迷った人も多かったとのことです。しかし、Nさんは自分から一歩歩み寄り、自発的に商店街に溶け込もうと努力を重ねました。結果、商店街の人たちも彼の更生への真剣さ、ひたむきに商売に取り組む姿勢を評価し、受け入れ、支持してくれるようになりました。

自店の開店から3年を迎える現在、Nさんの店は、商店街の名物となりました。商店街のお祭りには、必ずNさんの姿が見えます。2020年からは、自治体が行うイベントにも参加して欲しいという要請があったと聞き及んでいます。

彼のお店には、暴力団離脱者が訪れるそうです。「おれ、ヤクザ辞めました。明日から、知り合いの会社で働き始めます。その前に、大将の料理を食べにきました」と、カタギ転向への覚悟を語る人もいたとか。そういう人を見て、「勇気をもらう。おれも負けられんな」と、Nさんはいいます。

●Pさん（入墨あり、指詰なし、最終的な地位は組員）

Pさんは現在、介護福祉士の免許を活かし、依存症のある人たちを更生させ、就労できるように指導する福祉施設で働いています。身長は170センチ、体重は75キロ程度で少し腹が出ていて、印象としては、何となく「くまのプーさん」に似ています。よく帽子を被っているのがトレードマークで、彼なりのオシャレであるようです。着るものもこだわりがあるようで、そうしたファッションセンスだけでなく細やかな気遣いから、かなり異性に人気があります。

筆者が日本キャリア開発協会のキャリアカウンセラーをしていた頃に職業訓練校で出会い、２０１４年12月からの付き合いです。最初の会話は今でも覚えています。

「先生がおれを更生させてくれるとですか」

「ああ、あなたが噂のＰさんですか。もうスッカリ更生して仕事してるやないですか。なんば言いよるとですか」

それから、度々、食事の機会を持ったりしながら、ようやく調査に応じてくれたのが２年後の２０１６年11月、聞き取りを開始したとき、彼は48歳でした。

Ｐさんは、いわゆる都会の現代風のヤクザといえる存在です。しかし、ヤクザという生き方は、彼の意思ではありませんでした。

暴走族上がりで暴力団事務所の坊主（見習い）になり、組事務所に出入りをはじめたのが16歳の時です。しかし、この見習い期間は長くは続きません。彼が出入りしていた組は、武闘派で知られて暴力も日常茶飯事だったらしく、Ｐさんは恐れをなして、半年後にこの組から退散しました。そして、友人を頼って、単身、関東に上り、神奈川県内に落ち着き、運送の仕事を始めました。

　そのうち、ある会社から「うちの番頭せんか」と声をかけられ、転職しています。仕事とは、人材派遣――いわゆる人夫出し（作業員集め）といわれる類のものです。Pさんは当時を回想して次のように言います。

「いま、思い返せば、この仕事に就いたことが、おれの人生を大きく変える最初の分かれ道となった。当時は、その分かれ目はミリ単位だったかもしれないが」

　5年後、今度は池袋にあった「○○商事」というタイル卸しの会社にスカウトされています。この会社は、一部上場のゼネコンも取引相手で、Pさんは25歳ながら管理部長という肩書をもらい、待遇も良かったそうです。しかし、入社時には知る由もありませんでしたが、○○商事は九州のある暴力団組織のフロント企業だったのです。

　Pさんは、様々な建設系の資格などを取得しながら、サラリーマンとして頑張って働きましたが、彼が頑張れば頑張るほど、「使える人材」として暴力団組織からも認められることになります。結婚して順風満帆な人生を歩み出したはずのPさんでしたが、気が付いたら抜き差しならない状態に置かれていました。

結局、不本意ながら組織の一員となり、主なシノギは人夫出し、バンスの入った（借金がある）女性の風俗斡旋、そして覚せい剤の仕入れでした。覚せい剤の仕入れは本格的で、海外のマフィアとの交渉役としてPさんはヨーロッパやトルコに在住し、現地から覚せい剤を日本に送り出す役割を担当していたといいます。

しかし、覚せい剤は、当局だけではなく、商売相手とも揉める可能性が高いシノギでもあります。数年後、新宿の顔役の品物（覚せい剤）を紛失したことが発端で、カネで解決しなくては収まりがつかなくなり、Pさんはオレオレ詐欺に手を染めました。

Pさんの仕事は「出し子」の手配。しかし、付け焼刃で不慣れなシノギをしたPさんのオレオレ詐欺団は、すぐに当局の目に留まり逮捕、赤落ち（刑務所収監）となりました。

家族に迷惑をかけたくないと、Pさんは獄中で離脱。数年間の刑務所生活を終え、家族と離れて単身、母親と義理の父が住む福岡に帰住しました。刑務所内で、よく面倒を見てくれた刑務官の勧めもあり、介護の職業訓練校の門を叩いたのが、出所の半年後。筆者とはここで出会ったわけです。

半年間の職業訓練を頑張り、介護実務者（旧ヘルパー1級）資格の免状を持って、46歳から第二の人生を歩み出しました。入墨のため就職には随分と苦労しましたが、職業訓練校の先生方の奔走のお陰で市内の老人ホームに就職。職場では様々なイジメに遭いながらも石にかじりついて頑張り、2018年には介護福祉士の資格に一発合格。現在も福祉の仕事を続けています。

いま、彼の生きがいは、2人の子ども家族、とりわけ孫の成長にあるようです。時間があると子どもたちの家に泊まりに行きます。暴力団組員であった当時の面影は、Pさんのどこにも残っていません。彼は、支援対象者から頼られる支援員として、着実に更生し、カタギの道を歩んでいます。

暴力団を辞める理由

ここまで、調査によって聞き取った現役暴力団員、暴力団離脱者の話を紹介してきました（筆者の研究における暴力団離脱者とは、自分の意思で暴力団を辞めた真正離脱者です）。筆者のこれまでの調査データを元にして、離脱についての傾向を分析してみたいと思います。

「なぜ離脱したか」という点では、離脱への転機は、親分の代替わり等、いわゆる上司の交代に関することが一番多くみられました。なお、データを見る限り、暴力団在籍年数と離脱には関係が見いだせません。ただし、多くの場合、親分や上司（兄貴分）との関係が密であり、親分の命令には従うという者が殆どでした。このことからも、親分の代替わりが転機となり、自分の人生を再考する機会となっていることがわかります。

とりわけ、Nさんの場合、代替わりがあってカタギを襲撃するように変節した組織を疑問に思ったなどは、代替わりによる意識変化を如実に表しています。このことは、一般的な企業とも共通するものがあるかもしれません。社長が替われば社内の勢力関係も変化し、役員人事も異動などの形で行われること、社外との関係性も変わるという慣習的職業社会の実態と似ています。

暴力団を離脱して、カタギになった転向理由は、子どものためを理由として挙げた者が最も多く、これは過去の研究結果とは異なっています。

昭和の時代に為された研究では、離脱後に社会復帰を果たせたかどうかに関してですが、「子供のない者、一子だけある者、二子以上ある者の間に、社会復帰者率の目立った差異は見られなかった」とあります（星野ほか、1982年）[16]。

一方、カタギ転向理由を裏付けるものとして、離脱者の離脱後の拠り所として家族を挙げた者が最も多く見られました。この点は「職や配偶者といったように、非合法活動により失いうるものの存在が、犯罪組織との関わりを絶ちたいという意思に影響を与えているようであった」（菊池、2011年）、「離脱することが多いのは、運転手・技能工等として社会復帰したい……あるいは家庭中心の生活をしたい、としているものである」（星野、1974年[17]）といった先行研究と合致します。

当時、法務総合研究所の研究員であった滝本幸一氏も、1999年から2000年にかけて、法務総合研究所研究部が、全国のB級施設受刑者を対象とした調査[18]を受け、次のように主張し、家族の存在が暴力団の離脱に影響を及ぼすことに言及しています。

「（暴力団に所属し）犯罪に手を染めれば、それに関連して、怪我をしたり、命を落とすおそれもある。組に加入していることによって生じるこのようなマイナス要素は、我が国のような平和な社会にあっては相当に大きな精神的負担である。彼らとて、平和で安全な暮らしを望まないはずはない。それなりの収入が得られれば家族ともども平和に暮らしていきたいと考えるのは人情であろう。T・ハーシの言[19]をまつまでもなく、そのような心理状態は、年をとって、扶養家族など守るべきものが増えれば増えるほど強まっていくだろう」（滝本幸一「矯正施設における暴力団関係者処遇に関する今日的課題」『犯罪と非行』136号）。菊池研究では配偶者、星野研究では家族、滝本の研究では扶養家族が暴力団離脱の一要因であるとのことですが、筆者の結果を見る限り、厳密に言えば、扶養家族のうちでも子どもの存在が、離脱という転機において重要であると見ることができます。

暴力団をどうやって離脱したのか

「どのようにして離脱したのか」という点に関しては、多くは逮捕収監中や服役中に組長に離脱状・脱退届を出す、あるいは何らかの事情の結果、破門・除籍扱いとなるなどの場合があります。しかし現在では、いずれの場合も伝統的な指詰によってケジメを取らされるケースはありません。調査対象者の中で指詰を離脱の前提にした者は、Eさん、Gさん（ただし、親分の死によって直前に中止）のみであり、何れも自ら進んでケジメを取るために決めています。離脱時の指詰は、筆者が見る限り、当事者の自己満足や勢いによるもののように見受けられます。もっとも、在籍中の不始末に関しては、この限りではありません。

元より指詰は、自分のためというよりは、むしろ他人のために指を落とすことが暴力団の社会では美徳とされます。自分のために落とす指は自分の犯した不始末のケジメであることに対して、他人のために指を落とすことは、他人の不始末の責任を被る男らしい行為であるとして評価されるのです。いずれにしても自分から指詰の経緯を語ることはしないし、本人に「なぜ指を落としたのか」と尋ねることはタブーです（このことは、筆者がテレビ局のクルーをある組の取材に引率した際、リポーターが「なぜ、指を詰めたのか」と尋ねて、親分からたしなめられた際に聞いた話です）。

調査時は幹部で、現在は組長だというFさんの話からも、暴力団対策法が、暴力団離脱時の指詰強要等の抑止力になっていることがうかがえます。

したがって、組織の規律の厳しさの程度により、離脱傾向が異なるという状況は、筆者の調査では見られませんでした。ただ、Gさんが所属するテキヤの上部組織では、組員に「カネも与えず、厳しくかつ忙しくさせておいて洗脳し、考える時間を与えない」から、離脱を検討する余裕がないという回答を得ました。

それでは、なぜ、指を詰めたのか（詰めようと思ったのか）という点につき、尋ねたところ、Eさんからは「（離脱したことに）文句を言わさんようにケジメ」、Gさんからは「（組織への）借金は全部返すばってん、これは自分のケジメ……よく、親分が言うとたい、『おれたちン頃は、指くらい詰めよった。お前ら、そげな覚悟あるとや。いや、指せい言うんやないけどな』ちゅうてな、腹立つやんか」という回答を得ました。

このことから、暴力団において伝統的制裁と思われていた指詰に関しては、離脱時に強制されることは稀であり、むしろ、離脱者本人の面子を保つための自己犠牲的行動とも受け取れます。離脱時の制裁の有無については、昭和の時代に為された星野研究でも同様の傾向がみられることから、離脱時の指詰などの制裁は、現在、暴力団では行われておらず、やはり、離脱者の面子によるものと考えられます（星野、1974年／星野ほか、1982年）。

ヨゴレ・ヤクザとチャッカリ・ヤクザ

社会復帰に関しては、首領級に近い者ほど、カタギで仕事をする自信があった旨を語るケースが見受けられました。具体的には昔の仲間が支援してくれて花屋を開業した、組織が離脱を勧め会社を紹介して就職させた、地元知人の支援を受け学校に通い牧師になった（前述Iさん）、離脱した組織の縄張り内で飲食店を開店した（同Nさん）などで、傾向としては何れも暴力団在籍時に首領か幹部でした。

この点は、Iさんの分析によれば、暴力団在籍時に将来のことを考えていたか否かにも関わってくるようです。すなわち、組長か幹部の者は、一定の蓄えが可能であると見ることができます。

「僕は、20歳位の時か、ヤクザには2種類ある思うたんですわ。金のない、簡単に逮捕されて懲役行くオラオラ言うだけのヨゴレ・ヤクザと、将来のこと考えて日銭儲けして有事に備えて蓄える、しっかりしたチャッカリ・ヤクザがいるとね。僕の場合は、後者を目指しましたわ。せやから、日銭稼いで貯めよった」(Iさん)

Iさんの場合、現役時代に経営していたブティック(夜)と弁当屋(昼)の売り上げ分から毎日3万円貯金し、組で得た非合法な金はボーナスと考えていたといいます。しかし、暴力団在籍時に無役であった者の多くはそうした備えはしていませんし、備える余裕はなかったと思われます。

カタギとして生きるためには離脱後は慣習的な職業社会で働かざるを得ないのですが、指詰や入墨から一見して元組員と分かるため、就職は困難です。したがって、慣習的職業社会において得られる仕事は、あったとしてもガテン系の日雇い仕事等[20]と不安定であり、所得も少ないため、その意味でも、生きるために元暴アウトローとして違法なシノギを行わざるを得ない状況に陥りやすいといえます。

元暴アウトローという生き方を選択する理由

元暴アウトローに関しては次のような指摘がありました。

「ヤクザ辞めても行くところないから、辞めた者は『（暴力団）周辺者』になるケースが見られるんですわ。それを、組に籍入れんと、仕事さすようなケースが増えてるんですわ。そうすれば、パクられても組に損害かけへんですやろ」（Eさん）

「まあ、ヤクザ辞めたもんがそうそう真っ当な仕事就けんわ。大体、やるこというたら、品物（覚せい剤）、（保険証など身分証明書の）偽造、窃盗（自動車盗）、詐欺いうようなシノギしてるわ」（Jさん）

いずれも離脱者が違法なシノギに手を染めやすいことを示唆しています。

さらに、ある組織の元親分夫人（72歳）は、暴力団離脱者につき、離脱された側の立場から次のように述べ、彼らの危険性を表現しました。

「ヤクザ辞めた者に、義理も人情もへったくれもないで。カネしかない。カネになることやったらなんでもする危険な連中や……法律は（暴力団を）締め付けすぎやで」

また、Eさんの場合は、心を入れ替えて社会復帰の意思を持ちながらも、縁故者が不在であり、複数の指詰や入墨から日雇いの肉体労働しか仕事がない状態でした。さらに、カタギの仕事では「怒りで身体が震える」ほどのイジメにあい、挙げ句に夫婦で覚せい剤濫用に走り（この当時、覚せい剤の売人から個人でみかじめを徴収していたことから、自身も使用に及んだと思われます）、社会復帰過程において挫折を経験しています。結果、山口組の分裂を機に、２０１７年頃には元の組織に戻りました。

離脱者へのイジメに関しては、筆者も元暴アウトローに転じた者から数回耳にしたことがあります。新聞でも紹介されました。

２０１６年12月27日付西日本新聞の紙面には、「元組員　更生へ厳しい現実　職場などめず『苦しかった』」という見出しの記事がでました。

この離脱者は、２０１０年に窃盗罪で懲役8カ月の実刑を受けますが、この判決に先立ち、所属していた広域暴力団を離脱しています。出所後に結婚し、更生を決意したのは支えてくれる女性がいたからだといいます。社会復帰の第一歩は、知人の紹介による電気工事会社への就職。12年には長女を授かり「充実した幸せな日々だった」と回想しています。

ただし、左手の小指が欠け、上半身に彫り物が残っていたことが、職場の同僚に過去が知られる要因になったとあります。ある日、職場の備品がなくなると、周囲の人たちから疑いの目を向けられました。挙げ句、「犯罪者に仕事ができるのか」「この、よごれが」などと面罵されたことから悔しさを募らせ、約3年後に上司を殴ってしまい退社したといいます。家族のため、これからどうすれば……結局、行きついた先は再犯。この男性は、覚せい剤営利目的譲渡の罪で、妻子を置いて、再び刑務所に戻りました。

現在は運送会社で真面目に働いているJさんも、離脱後、元暴であることを周りに悟られないように、とても苦心したそうです。10年ほどは建設現場でサラリーマンをしていましたが、元ヤクザということで肩身が狭く感じたり、入墨を隠すため夏でも長袖と手袋を着用しなければならないなど神経を使ったそうです。それでも自分の社会的立場が好転しないことに加え、夫婦関係の冷え込みなどの複合的な要因から、家庭を出て、再び非合法なシノギの道を模索するに至ってしまいました。

しかし、シノギが上手くいかなくなり、自殺を考えたこともあったといいます。その時、彼を家に招き、一緒に鍋を囲んだ幼馴染やその母親の尽力により、既に5年間以上、カタギの生活を続けています。

調査時点では非合法な活動に従事していた人も、それは、社会復帰に失敗した結果、生活が切羽詰まっており、日々の糊口をしのぐことが第一義的な目的でした。すなわち、後述する半グレのように無限の金欲やスタイル、グループへの帰属意識などが非合法活動の要因ではないことには注意が必要です。

もうひとつ言えることは、当然のことながら暴力団を離脱したからといって、翌日から、即カタギの真っ白な生活をおくるというのも厳しいようです。理由は、暴力団時代の関係者とのしがらみがあること、暴排の強化により口座もつくれず、携帯電話も契約できない等、社会権が著しく制約されることなどです。ですから、元暴の人はなかなか就職先が見つからず、その日の食に窮して、つい昔のシノギに手を染めるなどのケースが筆者の調査時に散見されたことは、これまでも述べてきました。

排除し孤立させるのではなく、社会復帰のためのリハビリを

しかし、更生への一番のハードルは、青少年不良時代、暴力団時代で染みついた思考、行動パターンから簡単には抜けられないことです。不良の文化、学問的に硬く言えば「非行副次文化（サブカルチャー）」――その世界の価値観や焦点的な関心事[21]などが、われわれの慣習的な職業社会と異なるため、社会復帰時に文化的な葛藤を生じさせるように感じます。

文化というのは空気のようなもので、当の本人には自覚がありません。『男はつらいよ』をご覧になったことがある方は、主人公・車寅次郎の振る舞いが、一般社会で少なからぬ波紋を呼ぶシーンを思い出していただければわかりやすいでしょう。東京の下町で育ち、テキヤとして生きている寅次郎が、妹の勤める一流企業に出向いたり、正式なお見合いの場に同席したりするたびに、「なんだ、あの男の下品な物言いは」と顰蹙を買います。しかし、当の寅次郎には何がいけないのかわかりません。

思い返せば、恥ずかしながら筆者も、不良少年から足を洗ってレストランで働いていた当初、何度か従業員の顔面を（お客さんがいる店内で）殴って（ヤキを入れて）顰蹙を買った経験があります。なぜそんな行動をとったのかといえば、非行少年のサブカルチャーでは、先輩にナマイキな口を利いたら鉄拳制裁が許容されていたからです。もちろん、こうした粗暴傾向は、不良仲間との付き合いを断ち、職業社会で数年間働くうちに制御できるようになりました。

筆者の見るところ、カタギになるにも段階的な移行期間が必要であり、そこでカタギの人たちから受け入れられ、職場や地域社会で社会的な居場所を持つことにより、社会復帰が進み、徐々に非合法なシノギからも距離を取っていくように思います。

付け加えれば、元暴にも長所はあるのです。

先述した公的調査・研究において、暴力団離脱者や刑務所出所者を受け入れる雇用主の方は、調査担当者のヒアリングで、元暴の雇用につき以下のように述べています。

「組での立場にもよるが、一般の刑余者（刑務所出所者）と比較すると組織の中で生きてきた経験があるので、比較的うまくいくケースが多い」

「上下関係がはっきりしている」

この知見は、筆者の更生保護就労支援の現場における経験からも肯定できます。一般の刑余者に比べ、暴力団離脱者はタテヨコの関係という感覚があるため、職場の上長の指揮命令には従う姿勢があり、無断欠勤などの傾向が少ないように思えます。

表の社会でも、裏の社会でも、「組織」と形容される社会集団には、独自の文化があり、様々なルールがあります。そうしたルールを守ったことがある人は、表の社会のルールも裏の社会同様に守れる可能性が高いのです。ちなみに、協賛企業に就職した元暴の人は、一定程度、警察や暴追センターの影響下に置かれますから、非合法なシノギに手を出すことも難しいと思われます。

カタギへの移行期間という点をみると、I牧師の教会のシステムは、暴力団離脱者が慣習的な社会に徐々に適応していく場として、有効であると思います。筆者は博士論文執筆時に、この教会に数カ月住み込みました。当時、この教会は、暴力団離脱者の駆け込み寺として、関西地区では有名でした。

この教会に着の身着のままで庇護を求めてきた離脱者は、そこに住み込みながら様々な活動に参加します。教会ですから、一般の信徒さんも大勢います。離脱者は、そうした一般の人たちと一緒に礼拝に参加し（時間を守る習慣が身に付きます）、聖書を読み（学習習慣、読解力が付き、語彙が広がります）、ボランティアに参加します（一般の人たちとの対人関係を学べます）。

一番効果的であると思ったのは、プロテスタント用語でいうところの「食事の交わり」の時間です。これは、教会の女性メンバーが作った食事を、（無償で）同じ部屋で会食するひと時です。

この教会では、主に暴力団離脱者が、自発的に食事の給仕を行っていました。そして一般の信徒さんに混じって談笑しながら食事します。この時間は、慣習的な社会の態度やルールを学ぶ貴重な時間であったように思えました。たとえば、食事を食べ残す、あるいは携帯電話で話しながら食事をしていると、信徒さんから（やんわりと）注意されたりという光景を見たことがあります。
そのような時間を度々共有することで、徐々に離脱者は暴力団時代に染み付いた（暴力団文化の）角が取れてきます。そして、ボランティアなどに真面目に取り組んでいると、自営業をしている信徒さんなどから「仕事を探しているなら、うちで働いてみないか」と、声をかけてもらっていました。ですから、この教会での住み込み期間は、暴力団離脱者がカタギの社会に移行するために、慣習的な社会の様々なルールを学ぶことができ、社会復帰のリハビリをするために「もってこい」であったと考えます。さらに、何より大切なこと――教会は、暴力団離脱者を包摂し「社会的な居場所」の提供を実現していたのです。

協力者としての地域住民

章の最後に、興味深いこととして、暴力団離脱者の地元志向の強さを指摘しておきましょう。筆者が聞き取りをした13人中、離脱後に別の土地に移った人は1名だけでした。あとは全て生まれ育った地元で生活しており、現在の拠り所として近隣の知人や友人を挙げています。

実際、Aさんは地元で毎日、老夫婦が経営する居酒屋や同級生のお好み焼き屋に顔を出してビールを飲み、駅前の商店主などとも気さくに世間話をしていました。Jさんの家でも、地元の中学時代の先輩が「風呂に行くぞ」と言って訪ねてきたり、「最近マジメに生活しとるか。また変なことしてへんやろうな」などと説教する光景に幾度も出合ったことがあります。現役組員のFさんも「(もし、離脱したとしても)13歳から住んでいる地元を離れたくない」と言いました。

調査対象者の多くは、地元の暴力団に加入していました。それゆえ、地元に住み続けるためには、Fさんの話からも分かるように、地元の所属していた組織に損害を与えるような「下手な辞め方」は出来ないのです。

筆者が見る限りにおいて、離脱者の地元の知人や住民(この中には同じ暴力団離脱者も含まれます)は、彼らにとって重要な他者であり、一種の社会関係資本[22]であるということです。社会関係資本とは、簡単にいえば個人と社会とを結びつけるための存在のことです。そしてそうした重要な他者は、地元に帰った暴力団離脱者に対して、社会学的に表現すると、「インフォーマルなコントロール(友人、知人、近隣住民による非公式な統制)」を与えているように見受けられました。それはたとえば、Jさんの交際する女性の以下のような発言にみることができます。

「シャブとか、もうできんわ。シャブやったらすぐにわかる。うちら、地元におれんごとなってまうで」

実際、調査対象者の一人であるEさんと妻は、覚せい剤の濫用や密売をめぐるシノギを続けたことが原因で、この地元グループから放逐され、地域社会を出て行きました。

Nさんの場合は地域住民が受け入れることで社会復帰に成功しています。最近では、Nさんが経営する飲食店は繁盛し、地域や自治体のお祭りにも出店できるようになりました。Nさんは、お店の屋号を店舗改装の時に変えて、お世話になった商店街名の一文字を入れました。Nさんがいつも口にしている言葉があります。

「この商店街の皆さんが自分を受け入れてくれたから、今がある。自分がカタギで精一杯頑張ることが恩返し。毎日、当たり前のことを当たり前にやってゆく」

地元の商店街の人たちは、というと、「(地元の暴力団員だった人が)カタギになって仕事をしたいというなら、バックアップするのが、人間として当然じゃないか」という立場で受け入れたと言う方もおられます。

あるいは「(離脱者について)情報が何もない状態で受け入れることは難しいと思いま

す。（Nさんに関しては）警察に問い合わせた結果、『暴力団を辞めている』というものでした。実際、Nさんと接していると、非常に丁寧で礼儀正しい。こうした日々の積み重ねで信頼関係ができたから、受け入れられたのだと思います」という商店街組合長の話からも、この街角には、社会的包摂を行う人情味と、離脱者を受け入れて居場所を与えるだけの懐の深さがあったと思われます。

紆余曲折を経て社会復帰したJさんや、Iさん、Pさん、Nさん等のデータをみると、暴力団からの離脱が成功しているといえる場合、いずれも地域住民やカタギの人たちが彼らを受け入れています。彼らは地域社会に居場所を与えられる代わりに、地域住民や職場のインフォーマルなコントロール下に置かれ、覚せい剤の濫用や密売など違法な事はできないのです。

公的調査・研究においても、離脱した者は、暴力団組織外での気持ちの拠り所・社会的な居場所があったという回答が認められました。「気持ちの拠り所・居場所がある」とする離脱者は40・6％、現役構成員は26・0％と、約1・5倍の開きがみられ、暴力団離脱・社会定着には、暴力団以外の心の拠り所、信頼できる人の存在が関係していることが指摘されています。一方、暴力団に加入している人は、現代社会においては正真正銘「反社」扱いされるため、今やカタギ側も下手に彼らと付き合うと「密接交際者」とみなされる恐れがあります。昭和の時代のように、ヤクザとカタギが一緒に食事したり、ゴルフに興じたりということができなくなったため、居場所がないというデータは頷けます。

暴力団離脱に作用する二つの力

筆者は離脱者の研究を進めたうえで、次のような結論に至りました。暴力団離脱を正しく促進させるためには、ここでもプッシュ要因とプル要因を念頭に置く必要があるということです。

暴力団離脱におけるプッシュ要因とは、暴力団に居続けることの魅力の欠如のことであり、暴力団から押し出す社会的な力のことです。暴排条例に基づく警察の取締りの強化に起因する経済的不利益や、暴力団に居続けることのメリットが無くなることは、個人を暴力団から遠ざけるでしょう。イソップ物語の『北風と太陽』に例えると、この要因は「北風」です。

かつては、暴力団組員は組の代紋バッジを胸につけることが一般的でした。この代紋が、彼らの精神的な支柱となり、組の為、代紋の為にもバカなことは出来ないと背筋が伸びたものです。しかし、現在は、名刺を切ることはおろかバッジすら胸につけることはできません。暴排条例は、彼らの精神的支柱を奪いました。日本社会の暴力団に対する「北風」は、ますます強くなり、冷たさを増しています。

一方、暴力団離脱のプル要因とは代替性を指し、慣習的な社会に引き付ける社会的な力のことを指します。それは個人のライフコース（人生行路）における暴力団以外のルート、新たな（合法的）活動と道筋に引き付ける環境と状況——たとえば、暴力団を辞めた人が奥さんや子どもと平穏な家庭を持ち、地域社会に再統合されて就職することであるといえます。最近の欧米のギャング離脱研究でも、こうしたプル要因の積み重ねの効果に注目しています（Decker, S. H. & Pyrooz, D. C. "Leaving the Gang," 2011）。この要因は、「太陽」といえます。

また、プッシュ要因（北風）とは暴力団離脱における内的な要因であり、プル要因（太陽）とは外的な要因であるともいえます。現在は、官民一体となった暴排の取り組みにより内的要因（シノギができない、暴力団員では食えないという不満）は高まっていますから、今後、検討すべきは「一般的な社会に帰ってこい」というメッセージを発する外的要因に重きを置いた施策ではないでしょうか。

プッシュとプル、これら二つの要因が共に作用することで、『北風と太陽』のようなバランスのとれた施策となると筆者は考えます。

筆者の離脱研究においても、プル要因として、一般の社会での就職を希望した者や、家族や子ども、孫のために離脱に踏み切る者が見出せました。

しかし、もし、プッシュ要因のみが強くなり、暴力団を辞めても、社会的に排除され一般的な社会に戻れないとしたら、家族がありながら定職に就けないとしたら、どうでしょう。社会的に排除され、孤立した暴力団真正離脱者は未来への希望を失い、自暴自棄になるかもしれません。切羽詰まった挙句、元暴アウトローに身を落とし、生きるため、カネのために再び悪いことをするかもしれません。そうすると、新たな被害者を生んでしまうという悪循環が生じることは再三述べてきました。

そして、新たな被害者とは、これまでは暴力団の被害にあうことが無かったお年寄りや未成年という社会的弱者が想定されるのです。

第四章　暴排条例が生んだ「半グレ」

暴排政策が浸透し、反社の代表格である暴力団は弱体化、離脱者・離脱希望者が増えてきたことを見てきました。構成員数の減少に反比例するように台頭し、事件報道やマスコミ情報を通じて一般人もよく目にするようになったのが「半グレ」です。暴力団員とは、組長と盃を交わし、組織に籍を置くことで「登録」された存在です。しかし半グレは、イカした名前の付いたグループはあったとしても個人の匿名性が強く、警察当局もどこまでが半グレかを特定することは困難だと嘆きます。

警察によると、このような「暴力団と同程度の明確な組織性は有しないものの、これに属する者が集団的に又は常習的に暴力的不法行為等を行っている、暴力団に準ずる集団」を「準暴力団」と定め、それに準ずる集団と合わせて、実態解明の徹底及び違法行為の取締りの強化に努めているといいます（警察庁「平成30年における組織犯罪の情勢」）。

一方、暴力団離脱後に社会復帰に挫折し、再び非合法活動に手を染めてしまった元暴アウトローについても触れてきましたが、彼らも半グレと呼ぶべきなのか、別と考えるべきなのか。筆者なりに、一般人以上暴力団未満のあいまいな存在について考察してみました。また、周辺情報と筋からの紹介を集めて、自他ともに半グレと認める人たちの調査を2019年に行いました。

彼らは何者なのか

暴力団の勢力が衰退するとともに、半グレによるとされる事件が目に見えて増えてきました。暴力団というオオカミが暴排条例で身動きが取れなくなり、半グレという野良犬の活動領域が拡がった観があります。とりわけ、オレオレ詐欺の火付け役は半グレでした。まずはこの名称がどう扱われてきたかを見てみましょう。

溝口敦氏の著書『ヤクザ崩壊　半グレ勃興（新装版）』（講談社＋α文庫　2015年）をみると、2000年から2010年頃まで、当時は半グレという言葉はありませんでしたが、昔やんちゃしていた人、イベサー（大学のイベントサークル）加入者などが、暴力団と組んだり、単独で行ったりと、様々な詐欺（出会い系サイトやアダルトサイトの未納金があるといった架空請求詐欺、息子を装い、痴漢などわいせつ事件を起こしたので示談金を払わなければならないといったオレオレ詐欺など）に関与していた様子がうかがえます。ヤンキーやチーマー、暴走族などの「昔やんちゃしていた元不良」が詐欺集団を形成し、どこかで挫折した普通の若者たち（就職氷河期の被害者であるワーキングプア、ネットカフェ難民、若年ホームレスであり、その中の肉食系が、少なくとも半グレ系と思考や気質を共有）がそれに加わり、やがて「半グレ」とカテゴライズされていった、ということが書いてあります。

２０１３年３月、警察庁は、この種の集団は、暴力団と同程度の明確な組織性は有しないものの、これに属する者が集団的に、または常習的に暴力的不法行為等を敢行しており、中には暴力団等との密接な関係がうかがわれるものも存在しているとして、「準暴力団」と位置付け、実態解明の徹底、違法行為の取締りの強化及び情報共有の推進という三つの柱からなる対策を推進するよう都道府県警察に対して指示しています（「準暴力団に関する実態解明及び取締りの強化について（通達）」平成25年3月7日付け警察庁丁企分発第26号）。

同年、警察政策学会資料第71号平成25年7月「『これからの安全・安心』のための犯罪対策に関する提言」にも、「半グレ」という用語が登場し、その中で、「注」として

「『半グレ』を、暴力団とは距離を置き、堅気とヤクザの中間的な存在である暴走族OBであるとしている」、と溝口敦氏の『暴力団』（新潮新書　2011年）における記述が紹介されています。溝口氏の筆による『暴力団』の該当箇所は、後述します。

朝日新聞は、2013年3月20日の朝刊で、半グレとは、「暴走族の元メンバーやその知人らが離合集散しながら、緩やかなネットワークで行動を共にするグループ。『半分グレている』の略などが由来で、暴力団と結びついて犯罪組織化している実態もある」と定義しています。

さらに、半グレは準暴力団である、と当局が位置付けたことを紹介しています。「警察庁は『治安を脅かす新たな反社会勢力』として『準暴力団』に位置づけ、全国の警察に活動実態を把握するよう指示した。首都圏を拠点とする暴走族『関東連合』や『怒羅権（ドラゴン）』の元メンバーらのグループが該当する。昨年9月に東京・六本木のクラブで、客の男性が目出し帽の集団に襲われて死亡した事件では、関東連合の元リーダーの男らが警視庁に逮捕された」

溝口氏が想定している当時の半グレは、関東連合OBやドラゴンOB等でした。しかし、暴排条例で暴力団の締め付けが続く現在まで、大小さまざまなグループの半グレが、雨後のタケノコのように、あちこちで勃興しているのです。筆者は、半グレ当事者たちへの取材を通して、2013年頃に「半グレ」と呼ばれた集団と、今日の半グレとでは、その性質や活動において異なってきていると考えるに至りました。

関東連合OBやドラゴンOBという半グレはOBというだけあって、20代後半以上の年齢でした。たとえば前述した朝日新聞の解説にもある、2012年9月の関東連合OBによる六本木クラブ襲撃事件当時、主犯格の石元太一は30歳くらいの年齢です。しかし、筆者の見るところ、以降、低年齢化が進んでおり、半グレのハードルも低くなっているように思えます。後ほど紹介する、筆者が聴取した半グレも、3人は20代前半ですし、就労支援で関わった少年は2人とも10代です。今では、悪い事を集団で行う者を一括して「半グレ」と括る傾向があるようです。

東京の民暴の専門家である、東京弁護士会民事介入暴力対策特別委員会委員長の齋藤理英弁護士は、東京商工リサーチのセミナーにおいて、半グレに言及し、警鐘を鳴らしています（2019年12月19日開催「特別情報セミナー　反社リスクに備える・与信担当者が知っておきたい反社対策」）。

「半グレは定義が曖昧だが、新たな反社会的勢力と評価して差し支えなく、準暴力団や

（暴力団）偽装離脱者などを含む概念だ。半グレの実態は半分どころか全部グレている」

齋藤弁護士の指摘にあるように、半グレは半分どころか全部グレており、暴力団の偽装離脱者までをも含みます。この、安直かつ幅広く犯罪者を網羅した十把一絡げ的な「半グレ」というネーミングが、半グレについて何だかわかりにくい不穏感を作り出しているようです。

２０１９年7月27日に放送された、半グレを追ったＮＨＫスペシャル『半グレ　反社会勢力の実像』もまた、一般の「半グレ観」に大きな影響を与えました。番組には大阪の半グレ２人が、顔も名前も出して登場します。堂々とインタビューにも答え、ルックスも良い。いかにも女性にモテそうな感じです。実際に番組では彼らの「ファン」という女性が地方からわざわざ会いに来る様も紹介されていました。

「高級ブランド品で固めた自身のコーデや毎晩飲み歩く派手な姿を（インスタグラムに）投稿し続ける…『今風』で、不良漫画から飛び出してきたようなアウトローといった印象を視聴者はもったはずだ」（ＮＥＷＳポストセブン　２０１９年8月17日）

２人が取り仕切る半グレ集団はアマチュア格闘技集団から派生したグループでした[23]。そのアマチュア格闘技集団の名は「強者《つわもの》」といい、２０１３年2月に解散しています。

暴力団とは異なり、半グレの最大の武器は匿名性のはずでした。公共の放送で顔を知られたらシノギが出来なくなります。そもそも警察がこのような形での露出を座して眺めているはずはない――そう考えていたら、案の定、2人はその後、大阪府警にそれぞれ恐喝未遂などで逮捕されました。

NHKスペシャルは半グレを「不良漫画から飛び出してきたアウトロー」のように伝えたきらいがあります。制作者にはそのような意図はなかったかもしれませんが、番組を見たかなりの人にそういう印象を与えたのは事実です。

しかし、筆者から見てもやはり「半グレ」は、明らかに犯罪・非行集団です。半分カタギで半分犯罪者などはいない。社会的弱者の命金を狙うオレオレ詐欺に代表される特殊詐欺がハーフクライムなら、フルクライムとは余程凶悪な「強の付く」犯罪しか残らなくなってしまいます。路上で殴打した、女性にわいせつなことをしたなどは犯罪の内に入らなくなってしまうかもしれません。しかし、犯罪に半分も全部もありません。故意または過失によって他人に何らかの損害を与える行為は、不法行為であり全て歴とした犯罪なのです。

暴力団の取材を重ねるうち、昨今の裏社会に言及する上では、ますます半グレのことも避けて通れなくなってきました。「半グレ」という用語を最初に提唱した溝口氏がリアルに描き出したガチな半グレとは異なり、筆者が接したのは現代風ともいえる半グレがほとんどでした（本書は学術的な研究書ではないので、知見などの一般化は意図していません。筆者がインタビューした限定的な範囲で、半グレの実態を紹介し、筆者なりの見解を述べたいと思います）。

種類を整理する

半グレという用語が定着したのは、前述の溝口敦氏が、新書『暴力団』を著し、半グレについて言及した2011年頃からではないかと考えます。溝口氏は、同書の「第六章　代替勢力『半グレ集団』とは？」において、次のように解説しています。

「（半グレが暴力団から距離を置く）一番の理由は暴力団に入るメリットがなくなったからです。若い暴力団組員が貧しくなり、格好よくなくなりました。暴走族を惹きつける吸引力をなくしています。暴走族としても、今さら暴力団の組員になっても、先輩の組員があゝいう状態では、と二の足を踏みます……暴力団に入ると不利なことばかりですから、わざわざ組員になって、苦労する気になれません。それより暴走族時代のまま、

『先輩—後輩』関係を続けていた方が気楽だし、楽しいと考えます。彼らがやっているシノギは何かというと、たいていのメンバーが振り込め詐欺やヤミ金、貧困ビジネスを手掛け、また解体工事や産廃の運搬業などに従っています。才覚のある者はクラブの雇われ社長をやったり、芸能プロダクションや出会い系サイトを営んだりもしています。こういうシノギに暴力団の後ろ盾がある場合もあるし、ない場合もあります。ですが、ほとんどのメンバーはない方を選びます。下手に暴力団を近づけると、お金を毟られるだけですから、できるだけ近づけたくないのです」

　この本を溝口氏が執筆していたと思われる時期、すなわち、２０１０年11月には、市川海老蔵暴行事件[24]が西麻布で発生しました。実行犯は関東連合と呼ばれる半グレ集団です。彼らは、東京の六本木に活動拠点を置く、暴走族・関東連合のＯＢで、そのまま「関東連合」を名乗っていました。この事件以降、半グレも暴力団なの?というような感じで、世間の注目が集まりました。その世間の疑問に答えたのが、溝口敦氏の『暴力団』だったのです。

　この半グレ、以降、勢力を伸長させ、様々な問題を起こしています。筆者が２０１４年に助成金をもらって、暴力団離脱者の研究を行った時も、関西で様々な半グレと袖振り合いました。そして、２０１８年から19年にかけて、福岡県更生保護就労支援事業所の所長として老若男女の刑余者と接した経験から、時代の流れの中で、半グレが、溝口氏が紹介した当時の姿とは微妙に異なってきているのではないかという疑問を有するに至りました。以下、筆者が感じた現在の半グレにつき、少し稿を割きたいと思います。

半グレの私見的４パターン

先述したように、東京弁護士会民事介入暴力対策特別委員会委員長の齋藤弁護士が言及していますが、現在の「半グレ」の定義は曖昧です。10代の不良も、20代の青年も、40代の元暴アウトロー（社会復帰に失敗した暴力団真正離脱者や計画的な偽装離脱者）も一緒くたにして、半グレと括るのは、ちょっと大雑把すぎるのではないかと考えます。しかし、カオス化した裏社会を語るに際して、それ以外に何か適切な呼び名があるのか——と言われると、確かに困惑します。

ですから、現在、報道などで用いられている半グレという呼称に異議を唱えるつもりはありません。いつの日か、半グレ研究が深耕され、適切な定義、分類がなされることを願っています。本書においては、現場の聞き込みで得た一次情報に基づく、筆者なりの見解を述べるに止めます。

筆者が様々なフィールドにおいて、反社といわれる人たちと面談し、見聞きした範囲から、半グレとは（世間で半グレと呼ばれている対象は）少なくとも以下の4パターン存在するのではないかと考えました。

①関東連合やドラゴンに代表される草創期の半グレの流れ、②オレオレ詐欺の実行犯（これは、昨今ではそのまま暴力団の手先となっているケースが多いと聞き及びます）、③ウラのシノギをしつつ正業を持つグループ、④本書ですでに述べた元暴アウトロー（暴力団を離脱したものの正業に就けず、違法なシノギで食いつなぐ者などです）。①～④について以下詳述します。

① 関東連合OBやドラゴンOBに代表される草創期の半グレは、暴力団になるのはちょっと面倒くさいが、10代の頃の暴走族やグレン隊の非行集団の仲間関係を引きずり、どちらかというと、暴力団に近い「準暴力団」的な活動（みかじめ料徴収や薬物関係、債権回収など）をシノギとしている集団。先述の溝口敦氏のいう「半グレ」がこれにあたります。

なお、このカテゴリーでは、AV業界に進出する者もいました。人気女優を多数在籍させるプロダクションを立ち上げることで、AV業界で成功を収めています（AV

業界のスカウトは、プロダクションよりも上位に位置し、暴力団の縄張り内での活動となるため、暴力団のシノギに直結する)。最近では、性的行為なしに特化した「チャット女優」を使ったエロチャットなどのビジネスも[25]、こうしたプロダクションの収入源となっています。さらに、チャット利用上、NGとされる行為を客からされた女優の相談を受けた場合、女優を管理するプロダクションの立場を利用して「NG行為」を犯した者(被害者となる)に対して、金員を要求するなどのシノギを行っています(『OCC 2019 summer No.6』立花書房)。

②　オレオレ詐欺などの特殊詐欺に従事する不良がかった若い一般人。カネが欲しく、真っ当に働きたくはないが、暴力団や本格的な半グレにもなりきれない(なりたくない)層。2018年に大量検挙された大阪の「アビス」グループのように年齢的にも若い層です。彼らが暴力団の走狗となってオレオレ詐欺に加担する傾向があります。現在、筆者が支援にあたる保護観察中の青少年の多くが、このパターンです。ただし、カテゴリー①の下で実行部隊として使い捨てにされるケースもあるようで、カテゴリー①から「誰かこのシノギやる奴いないか」と言われ、「おれらがやります」と手を挙げるといった具合でシノギの実行を請け負い、犯罪で得たカネの一部を上納します。

もし、そのシノギでしくじったら、トカゲの尻尾切りで、逮捕、即退場となる使い捨てグループです。

２０１９年11月10日の静岡新聞に、「詐欺『受け子』枯渇か　外国人や女性、少年に移行　警察の包囲網強化で人材、資金不足」という見出しの記事が掲載されました。この記事によると、静岡県内で発生した特殊詐欺事件で「受け子」と呼ばれる現金やキャッシュカードの受け取り役が最近、首都圏の若者から、被害者の近隣などに住む少年や女性、外国人に移行する傾向が強まっているとのこと。そのような背景には、県警などの包囲網の強化で詐欺グループが人材と資金の不足に陥り、コストの削減を図りながら末端の「受け子」を賄う窮状が透けて見えます。他県警が逮捕した「受け子」らに行った調査では、半数以上が約束された報酬を受け取っていないと回答しているといい、詐欺グループが末端の「受け子」を軽視している実情が浮き彫りになったという報告がなされています。

③　①、②に比較すると、一見マトモな（?）半グレといえます。正業を持っている集団です。多くが喧嘩上等で腕っぷしの強さを競う観のある地下格闘技のような団体に所属し（あるいは過去に属していた）、ウラとのコネクションを築きやすい位置にいます。

ＩＴベンチャーの若い社長などのボディーガード的な役割から、徐々にＩＴビジネス関係に詳しくなりビットコインなど金融系取引で食っている、あるいはオーナーとして、高額請求傾向のある風俗・飲食店などを経営する小集団を指します。ただし表向きの正業の裏で、カテゴリー①の半グレなどと通じ、ビジネスのようにシノギをする集団です。ＮＨＫスペシャル『半グレ　反社会勢力の実像』に登場した２人は本来これにあたります。

④　最後の元暴アウトローは、極悪の暴力団並みに、かなり厄介です。近年、暴排条例の影響により、暴力団離脱者は増加傾向にあることを見てきました。しかし、職業社会に復帰して更生する人数は僅少です。前章までで述べたように、暴排条例の元暴５年条項で暴力団員等、いわゆる暴力団関係者とみなされ、社会復帰できなかった人が元暴アウトローとなります。

行き場のない彼らは、結局、覚せい剤の売買やヤミ金、オレオレ詐欺、下手をするとカテゴリー①の半グレの配下となったりして、悪事を重ねることになります。[26] また、このパターンには偽装離脱により「掟」の外に出された元暴も含まれます。このカテゴリー④の半グレ＝元暴アウトローがなぜ厄介かというと、それは犯罪のプロ集団である暴力団に所属していたからです。そこで蓄積された人脈や知識を有するがゆえに個人のプロの犯罪者といえます。

現状、こうした性質が異なるグループが、十把一絡げに「半グレ」とカテゴライズされていることで、実態が見えづらくなっているように思います。オレオレ詐欺やみかじめ料徴収、グループでの薬物販売に関係する者たちが「半グレ」だ、「準暴力団」だというのであれば、正しくは①②③のカテゴリーに属する反社の人たちではないでしょうか。カテゴリー④の人たちは、警察では「暴力団員等」という範疇に分類しています。筆者は、このカテゴリー④の人たちは反社には該当しますが、若い半グレとは性質が少し異なる存在であると考えています。繰り返しますが、暴力団現役時代に、犯罪の手練手管を磨き、裏社会にネットワークを築いているので、犯罪のプロ経験者といえる存在だからです。

余談ですが、カテゴリー①と③（②は未成年で消耗要員の場合が多く、裏社会では有象無象の者たちであり、警察もマークしていません）、およびカテゴリー④の人たちは、１９９０年頃までなら「暴常（暴力常習者）」として、警察にマークされていたような人たちです。当時の警察には、「マル暴」（暴力団案件を示す）同様に「暴常」のハンコがあったそうですが、１９９２年の暴力団対策法施行以降は、この「暴常」扱いが姿を消したと、当時を知る警察官の方から聞きました。

キャリア10年以上の半グレの話

この半グレ分類を、10年以上の年季が入った半グレ（前述の分類に照らすとカテゴリー①に属す）に確認してみたことがあります。この人は、ある事件で主犯とされ、全国ニュースになったこともあります。犯罪社会学研究者・著述家という筆者の経歴を知った上で、人づてで文通が始まっていました。半グレ分類について考察する中で、餅は餅屋といいますから、当事者にあててみるのが間違いないと考えたのです。以下がベテラン半グレからの返信（抜粋）です。

「この廣末さんがたとえで書いて下さった半グレ像は、まさにその通りです。①②③に区別されていると思います。

②の青少年不良は、①半グレの予備軍ですよね。③の地下格闘技している奴らは、①の半グレに近い人間もいますし、結局は①に流れるパターンもいますからね（ここで、

この10年選手の半グレは、④のカテゴリーに言及しませんでした。④は半グレの人から見たら「半グレ」ではないのでしょう）。

『オレオレ詐欺』ですが、確かに暴力団の手先となっている半グレグループがあります。しかし、それはケース・バイ・ケースと思います。私の知るグループなどは、やっぱり暴力団を入れると面倒だから、（組関係者には）分からないようにやっている者も少なくないです。

地元では『あるある』なのですが、不良や半グレに詳しい者を（暴力団が）グリップして、そこから悪さをしているグループの情報を吸い上げ、そのシノギだけを取り上げるというパターンが多いような気がします。

直接かかわるとリスクが高いので、そいつらにシノギをやらせて、お金だけを上納させるというもの。また、『オレオレ』集団にはトバシの携帯（他人名義、架空名義契約の携帯）を売っている奴がいますよね。聞くところによると、1カ月の売り上げが、携帯だけで数千万円といいます。相当台数をさばいていますが、こいつらのケツ（ケツ持ち＝後ろ盾）は暴力団です。

そして、この携帯屋は、周辺の『オレオレ』のグループに携帯を渡していますから、どのグループがどういうことをしているかを把握しています。なぜなら携帯を売る時に『何系（のシノギ）に使うのか』を聞き、それに合った携帯を用意するからです。携帯は、ボロく儲かるシノギのひとつです。

携帯は（闇レンタル代＋携帯正規使用料金の）入金が少しでも遅れると止めるので、お金はきちんと払われるのですが、所詮はトバシ携帯なので、勘違いしてお金を払わない奴もいます。その時は、お金の回収役が暴力団となるわけです。まず、お金を貰えなかったからといって、警察には走れませんから。さらに、そうした裏のシノギで得たカネを『タタキ』（強盗）をして盗らせる半グレ部隊も抱えていますよね。

裏の社会は、弱肉強食の世界になりつつありますが、都会では、誰がそうした『裏金』を持っているかリストアップして、タタキでぶん捕るなんてこともあるようです。だから、半グレは、自分のシノギや儲けを容易に他人に喋ると厄介なことになります。知らないうちに、自分が（別の半グレの）ターゲットになるわけですから。要は、身内同士で食らうことがシノギになり、儲かるということです。さらに、警察に被害届を出すわけにいかないカネですから、ぶん捕っても安全です。

あと、他所の半グレが入り込んできて、地元の不良とモメることがあります。このバッティングをシノギとするのが暴力団です。

こうして見てみると、暴力団と半グレのシノギは共有され、違う形態へと移り変わっていきます。『オレオレ』ばっかりをマークしていると、その裏では違うシノギが新たに顔を出すというような塩梅です」


彼の話のポイントをまとめると以下のようになります。
・筆者の分類は実態に即していると思うが、綺麗に分かれるというよりは重なっている人もいる。
・暴力団と連携している半グレもあれば敬遠している半グレもある。
・敬遠していても暴力団に何らかの上納金を納めさせられている場合は多い。
・オレオレ詐欺グループなどに携帯電話を売る業者のバックには暴力団がいる。
・非合法ビジネスで得たカネは強奪されても被害届が出せない。そのため誰がカネを得たかといった情報には価値がある。

6名の当事者たち

溝口敦氏が「半グレ」という単語を用いた2011年、この年には全国で暴力団排除条例（暴排条例）が施行され、「反社」カテゴリーに含まれる裏社会への風当たりが強まりました。そして、暴力団が旧来のようにシノギができないことから、半グレは様々な形をとって違法なシノギを行う人間を吸収してきたのです。

いま、このタイミングで、新たな裏社会の住人として暗躍する「半グレ」の実態を知る必要があるのではないか。そう考えた筆者は、さらに前述の「半グレ像」にあてはまる人物に面談を申し込み、その実像に迫りました。ただ、半グレは、警察も、その実態をつかみにくいと嘆きますが、筆者も、その意味を今回の調査で痛感しました。暴力団と異なり、居場所が決まっていませんし、事務所がある訳でもないからです。

さらに、裏社会にある程度周知されるような名前が通っている者が少ないため、探し出すのも容易ではありません（匿名性は半グレの主要な特徴のひとつであり、最大の武器ともいえます）。ですから、裏社会とのパイプを持つ人間の「知り合いの知り合い」という具合に紹介されて、ようやく半グレのメンバーと会うことができました。ただ、そうはいっても、彼らは現役の犯罪者集団ですから、筆者をなかなか信用しません。彼らからの聴取作業は、とても難航しました。

こうして2019年、筆者は半グレとして活動している6名の人物に聞き取り取材を行いました。署名で執筆する原稿のための取材であることを前提としましたが、ほとんどが身元の判明を恐れて、以下に記す情報以上のことは語ってくれませんでした。本名も名乗ってくれません。中には、面談した直後には携帯番号が変わっていて、連絡が取れなくなった人もいます。

なお、Wに関しては当時、刑事施設内に収監されていましたので、主に書面のやり取りによる文通で行いました（2019年9月4日消印分より抜粋）。X、Y、Zの3名は、Xが兄貴分的な存在でそのツレY、そしてZが2人の弟分的な立場で、同席で話を聞いています。聞き取り日はU、Vがそれぞれ2019年9月15日、X、Y、Zが11月16日です。

「カネにはじまり、カネに終わる。利害関係のみの仲間」
――半グレU（30代半ば）半グレカテゴリー① 西日本地方都市

U氏は父親が事業をしていて、母親も手伝う形で一緒に仕事をしていました。父親は小学校の頃からほとんど帰宅しなかったといいます。

「その上、稼ぎを全部は家に入れなかったようで、『お金がない、お金がない』が母親の口癖。ピリピリした空気を感じて、ガキながらに自分でどうにかしようと思っていたんでしょうね。

中1から新聞配達や幼馴染の母親が経営するレストランでアルバイトをしました。でもアルバイトのカネは家に入れるためじゃない。携帯や流行のモノを買うためのカネ。たまに妹に小遣いもやってましたよ。

そんなこんなでアルバイトが忙しいから中学校1年、2年は登校せず。3年からは一応学校には行くようにしました。進学するつもりだったんで、高校に上がった時にツレがいないと切ないなと思って」

高校に進学できたものの、2日で自ら退学。

「だから中卒。お金を自分で稼ぐ楽しさみたいなものを、もう覚えてたから、『なんで学校に行ってカネを取られないかんの』と思ったらバカバカしくなって。その後は17歳までレストランのアルバイト続けたけど辞めて、鉄骨とびのテゴ（見習い・雑用）になって当時、日給で9000円ぐらいもらってた」

この時期から犯罪にも手を染めています。

「『カゴ・ダッシュ（万引き）』とかをして、現場作業に必要な道具や作業服を盗んでましたね。あとは車上荒らし――当時はカーナビがカネになったから。ほかにも傷害、恐喝、詐欺なんかもして19歳で少年院。24歳で懲役4年（組織的な窃盗）がついて刑務所、中には3年と少しいたかな。

その時の逮捕で中途半端な不良は懲りた……特に窃盗は、（警察の取り）調べが多くてキツイ。メクれた（ウソ・犯行がばれた）窃盗の数だけあるから、一つの事件で（勾留が）20日として、10件あれば……。そりゃしんどい。どんなにキツイかは想像にお任せしますよ」

刑務所での経験は彼に更生を誓わせるには至らなかったようです。

「懲役に行って、悪い見本を見て聞いて、ピンときたんです。赤落ちしている奴は、ダメな奴ばっか。失敗して落ちている。失敗しないように（そいつらが計画していた犯罪を）改良すればいいと考えた……具体的には保険金詐欺なんかに応用しましたね。

懲役を終えてから20代後半ごろ、ヤクザ傘下の半グレと接触するようになって――その時、感じたのは、グループでツルんで名刺を付けたらカッコいいかな、ということ。たとえば、個人事業主よりも株式会社の方が聞こえがいいのと同じ感覚。ただの不良と違ってグループの名前に集客（一目置かれる）効果があるでしょ？　グループ名で縄張りも主張できるし」

注目すべきは、一貫して暴力団への憧れなどはなかった、という点です。

「上（暴力団）の事務所に顔を出せとは言われていたけど、直接、『組に入れ』とは言ってこなかったですね。でも、向こうはいつかは食おうと（組織に抱えようと）思っているでしょうけど。

そもそも自分は（ヤクザに）憧れも何もないです。組織に加わりたくない。縛られたくない。半グレとしての仕事も、自分は仲の良い人間とやるか、一人でやる。よく知らない人を使うとメクれやすくなりますからね。

表の仕事もあるにはあって、20代後半から始めた車屋と、とびのテゴしていた関係で20歳前後からやってた建設業。建設業は、10人以上のスタッフがいたので、彼らに会社を作らせて、そこに仕事を振ってました」

知り合いに誘われてオレオレ詐欺の手伝いをしたこともあるそうです。詳しくは言えないが、と言いつつもその苦労を語ってくれました。拠点となる部屋（ルーム）に閉じ込められ、仕事の期間中は外出もままならないのだといいます。

「外出禁止。外に出れば職質にあう可能性があるし、他の半グレと会う可能性もある。オレオレやっている人は県外から来てる人が多いから、その筋の人間が見たら分かる。たとえば、ドラゴンのメンバーなんかと会うと、そりゃ厄介なことになりますからね。ルームから出るのは、せいぜいコンビニ行くくらいで、朝の8時から夕方5時までが仕事です」

渡された名簿をもとにひたすら電話をかけるものの、そううまく行くわけでもなさそうです。

「みんな黙々と仕事しているから異様な感じですよ。

稼げる奴と会ったことがありますが、顔が違う気がしますね。（その人は）1クールあたり300～400万円。普通、平均は100～200万円といったところですから。ある時は500万円をシノいで掛け子は20％だから100万円の報酬。そのカネをもらっているところを目の前で見ました。

でもルームに軟禁状態だからカネもらってもすぐには使えない。それにオレオレでは、

2カ月くらい何もない（成功しない）なんていうことはザラですからね」

　その後、彼はアポ電詐欺にも手を染めました。

「こうしたシノギはツテで動くことが多い。半グレにも、仲間内のつながりというか、統制みたいなものはありますよ。自分たちの場合は地元のつながりですね。先輩には逆らえない。でもヤクザのように『オヤジ』とは呼ばないで、先輩は『先輩』ですけど。

　ただ統制とはいっても、実際は弱い。先輩もそこまで厳しくない。いまの人は上下関係知らないから、厳しくしたら付いて来ません。半グレはヤクザと違って『部屋住み』などないし、『当番』もない。カネを稼がせてくれるかどうかだけでつながっているに過ぎません。人に従い統制が取れるのではなく、カネを稼がせてくれるから付いているだけ。

　だけど実際、先輩から札束を見せられ、『お前らも頑張ればおれのように稼げる』などと言われて頑張るが、結局は体よく利用されて、大きなカネは稼げない。指示待ちでアタマ使えない奴は、コマに過ぎないということです。

　要は、カネにはじまり、カネに終わる。カネ稼がせてくれる奴はえらい。利害関係のみで仲間が集まっている感じです。絆は弱いし、その点はヤクザとは違う。半グレはツルむレベルだから組織とは呼べないですし」

半グレが活動できる背景には、法律による取締りに隙間が存在するからだろう、と彼は言います。

「ヤクザは暴対法や排除条例でガチガチ。たとえばヤクザに対する規制が緩んで、彼らが本気出さない限り、半グレは無くならないですよ。言ってみれば、ヤクザを縛る法律によって半グレは守られている。とは言っても、実際にヤクザが持つ力には畏怖しているから、カネはつける（上納する）。ヤクザも『（半グレのシノギには）目をつぶるから、何か回せ』という暗黙の了解はありますからね」

もちろんオレオレ詐欺その他、彼らがビジネスとしている犯罪を取り締まる法律は存在しています。しかし、暴力団の側が行動する以前の段階、存在していることそれ自体を縛る法律があるのに対して、半グレにはそのようなものがありません。その自由さが彼らの強みとなっているようです。

この話をしてくれたU氏は、話の最後に、女のシノギ（外国人女性の売春あっせん）が薄利だがカネになる、やってみようと思うと、筆者に打ち明けました。カタギの仕事があるし、奥さんも子どもさんもいるというので、今さら危ない橋は渡らない方がいいのでは、と助言しました。

「盃がないからスタートラインに立ちやすい。明日からでもオーケー」
——半グレV（30代半ば）半グレカテゴリー①　西日本地方都市

多くの暴力団員や半グレと異なり、V氏の生い立ちは決して恵まれないものではなかったようです。

「父親は地元では結構、名の知られた企業のサラリーマンです。母親は専業主婦。家庭に対する不満は特になかったんですけど、母親が英才教育志向のため、ガッツリ塾に行かされました。

小学校5年生頃から中1にかけてイジメにあったんです。ワルな幼なじみが中学の同級生にいて、『おれと一緒にいたらイジメにあわん』と言ってくれて、不良グループの一員になった。結局、中学校2年後半から学校には登校せず、夜は遊んで、昼は寝るという生活。当時、不良中学生なら、それが普通のライフスタイルだったと思う。

高校には行って卒業もしましたよ。でも不良なのは相変わらずで、窃盗と恐喝を繰り返してた。16歳の時には大人を脅して200万円取って、そのカネでホテル暮らしをしていましたからね」

この後、彼は暴力団に身を寄せます。

「17歳の頃には組事務所の当番に入ってました。その時、偶然にも、組に自分の父親が絡んだ空手形が回ってきた。結局、手形の振出人が察知し、父親にも電話が入って空手形とバレた。父親が組に目を付けられたなんて、当時はガキだったので怖くなり大阪に飛んだんです。

関西では最初、ヤクザのフロント（企業）の水商売をしていました。しばらくして水商売は未成年だとバレたらまずいと言われたけど、（偽造）身分証明書が用意出来なかった。それでクビかと思ったら、親分の運転手や家の掃除などに回されて給料をもらっていた。フロントの水商売の組織から、特攻服を着せられて『似合うやんか、そろそろ腹決めんかい（組員になれ）』と言われたけど、組織の盃は受けませんでした。

なぜ自分は盃しなかったか――ひと言で言うと、（ヤクザに）向いていない。グループが好きではないんです。人が集まると、必ず裏切りがある。自分が一人親方でやっていたら、やりかぶっても（下手を打っても）自己責任です」

半グレと単なる不良との違いは、暴力団との関係性ではないかと彼は言います。

「カネの出どころが、半グレは多くの場合、本職（ヤクザ）からになる。ただし、美味しい話はヤクザがシノいで、割に合わないリスキーな仕事するのが半グレ。つまり『残りっ屁』が半グレの仕事です」

彼の認識では、半グレはヤクザに利用される存在ということのようです。さらに半グレにもヒエラルキーがあり、利用する側、される側がある、と。

「ヤクザはケツ持ちを匂わせてくるけど、実際には持ってくれない。半グレグループにはランクがあって、ヤクザは半グレ第1グループにネタを持ってくる。第1グループは、下の第2グループに実行させて、カネを分ける。犯罪がメクれたら、第2グループはトカゲのシッポ切り。だから、食う半グレと食われる半グレがいるんです。

世の中から半グレと言われる人たちは、自覚はないんじゃないですかね、『もっともヤクザに近い不良』だと思ってる。自分の中で勘違いしている。自分は組員じゃないけど、バックにはヤクザがついていると思っているが、実際には何もしてくれない。所詮、半グレなどは『つまようじ』ですよ。先が曲がったら捨てようかという程度。

ヤクザの盃をしていたら、10万円の上納で、組織から評価される。でも半グレは、50万円上納しても、評価されない。ケツを持つと思うから組織の為に一生懸命働いても、結局のところ半グレは使い捨てです。

半グレのリーダーも同様に、子分がやりかぶっても、何もしてくれません」

彼はヤクザからの情報をもとに、「行けそう」と思えば、自己責任でシノギを受けるといいます。これまでにかかわったのは「銀行融資詐欺」「行政の離職者支援詐欺」「ネットバンク詐欺」「債権回収の下請け」など。

「オレオレ詐欺は割に合わないからやってません。儲かるのは元（仕切り役）だけでしょ。

自分のグループは、4人抱えていました。給料も払っていたし、車も3台所有して行動していた。実質、上といえるネタ元のヤクザとは直接は会えない。ネタは若い人が持って来ます。この人もヤクザではなく、半グレ第1部隊。（彼らの詳しい関係性を）あえて聞いたことはないですね。それってルールに反するから。

多くは語らないし、カネでしかつながっていない。『ネタください』『（この仕事）やってくれる奴いないかな』――単純に、この関係のみです」

話を聞くと、ヤクザの下請けのような存在で、しかもいざという時には「ケツを持って」もらえるわけではなさそうです。ならばなぜ半グレを続けるのか――。

「輝くことができるから。自由なのに力を持つことができる。バカには最高のチャンスです。たとえば、ある程度知られたグループなら、自分はそこの一員であるという自負がある。問題が生じた場合、『お前どこのグループ？』って聞かれて、『○○連合』と名乗れば、9割方は問題が収まります。組織じゃないけど、近い感じはある。

しかも半グレは盃がないからスタートラインに立ちやすい。明日からでもオーケー。用意するとしたら『パクられる覚悟』だけ。でも、カッコだけで入ってくるバカにはこれが分かっていない奴が多いですね」

自身、半グレでありながら、その勢力拡大の問題点をこう指摘します。

「半グレを作ったのは、日本の政府ですよ。やっぱり、裏社会の統制にはヤクザが必要なんじゃないですか。ヤクザが弱いと裏社会の規律がなくなる。ヤクザを法律で縛りすぎて半グレが増えたってことです。だから半グレの全体像を把握することは難しいんじゃないでしょうか。

たとえば、半グレをヤクザの事務所に出入りさせて盃を受けさせたら、法律でも対応できるし、把握できる。半グレも、ヤクザのルールに縛られて無茶はできない。そうする以外に、半グレの実態を把握し、犯罪活動を制御することは困難だと思います。

ヤクザが存在して、彼らの出入りがあることで、夜の店も儲かったんじゃないですかね。彼らは恰好をつけるから、経済効果でいうと、ヤクザはいた方が店側にもプラスになるでしょうし。

ともかく、これからも暴排を強化したら、暴力団自体が半グレ化してルールが無くなり、アメリカのような無法地帯ができるんじゃないかな」

「仲間はビジネス・パートナー」
――半グレW（40代）半グレカテゴリー①　東日本地方都市

「私の父親は薬物中毒者だったんです。5歳の時に両親が離婚して親類に預けられる生活になった。とにかくずっと貧乏だった記憶しかないので、大きくなっても、お金がないことが怖かったです。

中学1年の時からいわゆる不良グループのアタマやってて、窃盗、シンナー、酒やタバコ、傷害、家出・うろつき、中学生で悪いと言われることはすべてやってました。だからほとんど学校に行かないで中卒です。

15歳の時に最初の補導、初回逮捕が17歳で少年院。18歳の頃までメインは暴走族で、そのあと21歳まで右翼団体にいました。19歳で麻薬取締法違反で2回目の逮捕、特別少年院送致。20歳の時にも恐喝だったか窃盗だったかで逮捕されたけれど執行猶予。最初のシノギは、自動車を盗んでヤクザに販売することでした。そのうち韓国マフィアと組んで、ベンツを専門に韓国に流す。1台300〜500万ほどのカネになりました。結局、23歳の時に自動車窃盗で4回目の逮捕で、29歳まで刑務所にいました」

ここまでの生い立ちは、ヤクザになった者たちの典型的なそれに近い。貧困、親の愛情の欠如、不良体験、薬物、補導、逮捕。しかし彼はヤクザを目指しませんでした。

「これまで、ヤクザの傘下に入るようにとの誘いはかなり昔からありましたが、ゲソつけた（世話になった）ことはないです。一度、ヤクザの幹部に乞われて組織外の舎弟になったこともありましたが、喧嘩して縁を切った。私は自分を『アウトロー』だと思っていて、自分らはヤクザに頼らないから価値があると思っている。今の時代にヤクザと付き合いをしても何にも得はないですから。

何よりヤクザは『嫌い』です。ヤクザの看板でケンカするのは性分に合わないし、組織に縛られることも嫌い。それに自分の性格では、ヤクザは務まらないこともわかっています。

半グレにも上下関係はありますが、自分の暴走族時代ほどの厳しさはないです。半グレの仲間は兄弟分ではないと思っています。別のグループ同士では兄弟分契りとかやっているのも聞きますが、私はヤクザごっこが嫌いなのでそういう儀式はやっていない。半グレの仲間というのは、どちらかというと、ビジネス・パートナーに近いのかもしれないです」

彼はアウトローを自称しながらも、実は正業も持っているそうです。

「いわゆる『半グレ』の日常生活は、カタギの仕事を持っているか否かで随分と異なると思います。カタギの仕事はないとしても、犯罪だけを商いとしている者と同じとは言い切れないと思います。

私の場合は、30歳頃から建設会社を経営していました。朝7時に起きて会社に出る。事務員に一日のスケジュールを確認して、打ち合わせがあればそれに出席する。普段から現場を4~5件は抱えていたので、現場回りをする毎日でした」

この表の顔のみを知る人には、青年社長にしか見えなかったでしょう。しかし一方でその日常は犯罪と常に背中合わせでした。

「自分はオレオレ詐欺を指揮したことはないですが、周囲の下の者たちはやっていたみたいです。頼まれて掛け子や受け子の紹介だけはしたことがあります。

現在は、かなり若い連中も半グレの下について悪さをしています。オレオレ詐欺はその典型例でしょう。若い連中もマセてきており、目端がききますから、青少年の不良と半グレとの境界は、あってないようなものだと思います」

彼は「半グレのシノギについては、ブラックとホワイトがある」と解説します。

「ブラックは奥が深い。メインは『薬の売買』で、これは眠剤系のタマ（商品）が特に多かったです。病院の院長に頼み、薬剤師から大量に仕入れて流すなどの薬物系裏売買もそう。

あとはオレオレ詐欺、偽造カード、金貸し、金塊密輸、コピー商品。コピー商品売買（これは精密な作りゆえに質屋にも入るから、質入れが一時流行した）は、カルティエのダイヤ入りブレスの本物は５０００万円だが、コピーなら20万円ほどです。関東の半グレは、この手のコピーを身に着けている者が多いですし、芸能人にも流れています。

他にも競馬（私設馬券屋）、投資商材のファンド詐欺、株価操作、人身売買、タレントなどの高級デートクラブなど、あらゆるものに及んでいます。

ホワイトな部類はというと、医者や建設系の会社、部品製造会社などへのファクタリング（債権買取と代理回収）。月に1割の利息でも5000万、1億円などと金額が大きいんです。やばいのは1週間で1割などということもありましたから。

シノギがこれだけあると、半グレの最大の関心事はカネだけという奴もいます。一方で権力も欲しがるのも事実。キャバクラを10店舗展開している地元の後輩は、縄張りとしている主要エリアには（他店の）キャッチやスカウトを立たせないようにした。これが権力の行使です。立つなら他所のグループであろうが、客の半分はこっちの店に回せというルールを決めており、外人も一切立たせない」

こうしたルールの「相談」を受けて、実際にそうなるよう差配するそうです。

「そうすることでカネが生まれるんです。権力はカネなりというか、必ずカネになる。権力があれば利権の争いにも勝つことができるし、権力とそれによる人間の関係性がカネを生むということです」

本来、こうした縄張りを形成し、その管理で利益を得ていたのはヤクザだったはずです。しかしヤクザが今、そのようなことをすれば簡単に逮捕されます。

「現在は、ヤクザに遠慮がいらない時代になってきていると思います。そこを見ても、この先、半グレは増え続けるでしょう。

法律も半グレに対して厳しくなってきてはいます。対ヤクザ同様、司法は周辺の反社会的勢力に対してもますます厳しくなる。

私見ですが、それでも半グレが無くならないとしたら、その理由は、社会的格差における不満云々ではないと思いますね。暴走族と同じで、それ（半グレ）をカッコよくて、稼げると思っている節があるんじゃないでしょうか。また、昔と違い、シノギのレベルも上がり、『オレオレ』のように、若くして大金を手にすることが容易になってきた。犯罪も多岐にわたり、今の時代は（シノギの）レパートリーが豊富にある。この先、まだまだハイテクな犯罪が増えると思うし、当然、それを考えて繰り出していくのは、半グレたちだと思う」

「仲間と一緒に遊んで、カネになるから楽」

――半グレX・Y・Z（いずれも20代前半）半グレカテゴリー②　西日本主要都市

同時に話を聞いたこの3名は同じグループに属しています。

それぞれの家庭に共通するのは、貧しかったということでした。

「父親とは離別していて、子どもの頃からいなかったです。当然、母親が働きに出てい

たんですが、十分に食事がないことが嫌でしたね」（X氏）
「特に不満はなかったですが、自分が生まれた頃の家はお金持ちだったらしいけど、父親が自営業で生活に浮き沈みがあったせいで、自分には貧乏に育った記憶しかないです」（Y氏）
「不満というほどじゃないですが、うちもお金が無かったです。父親は病気で自分が小さいときに亡くなってますから」（Z氏）
3人とも学歴は中卒。
「遊びが忙しくて、学校は中学校から行っていないです。中卒です」（X氏）
「中学校は、行ったり行かなかったり、気分次第でした。学校自体は嫌ではなかったんですけどね。高校は定員割れの学校を受けて、受かったけど、勉強ダルくて、1年で中退しました」（Y氏）
「中学校にはそんなに行っていなかったんじゃないかな。仲間でタムロって悪さしていた記憶しかないから。高校は一応、行ったけど、バイクの窃盗と暴走で逮捕されて退学でした」（Z氏）
中学時代の万引き体験は共通しており、それ以外にX氏とY氏は「車上荒らし」、Z

氏は「無免許運転」と「(高校時代に) バイク窃盗と暴走」の経験を持ち、補導、逮捕歴は以下の通り。
「逮捕は少年時代に2回です。窃盗で年少に1年入りました」(X氏)
「(矯正施設に入ったことは) ないです。ただ、傷害で (警察署での) 留置は経験したことがあります」(Y氏)
「高校時代にバイク窃盗と暴走行為でパクられ、鑑別所に入りました」(Z氏)
半グレ未満の不良グループだったのは何歳ごろまでか、という質問にはこう答えました。
「17~18歳くらいまでだと思います。族 (暴走族) ではなかったですが、単車乗ってイキっていたから」(X氏)
「グループというか勝手に集まって不良していたから、分からないですね。Xと同じ頃までと思います」(Y氏)
「18~19歳まで暴走とか無免許 (運転) してて、気づいたら今の半グレだった」(Z氏)
その頃の不良グループと半グレの境界線は――
「分からないですね。単車乗ったりしてイキってて、気づいたら半グレみたいなことし

ていたって感じで」（X氏）
「あまり意識したことはない。気づいたらレベル・アップしてたようなもんですかね」（Y氏）
「自分も気づいたら、半グレになっていた。不良（時代）とやること変わって、（単なる非行ではなく稼ぐ）シノギになっていたっていう」（Z氏）
ヤクザの盃のような節目がなく、自然な形でいつの間にか不良から半グレに移行していたという意識がわかります。ヤクザとの関係はそれぞれ異なります。
「ヤクザに誘われたことはあります。現在もゲソ付いています。（誘いに乗らなかったのは）身体取られる（当番など時間的・身体的拘束がある）し、なりたくない。規則やオキテが面倒そうでしょう。自由でいたいもん」（X氏）
「おれは誘われたことはないですが、やっぱり（ゲソ）付いてますね。正直、そこまで（悪の道に）行きたくないです」（Y氏）
「誘われてないですが、（ゲソ）付いてます。ヤクザは自由がなくて、見ていてキツそうじゃないですか。自分も自由でいたい」（Z氏）
こうした話を聞くと、あたかも「悪の道」に進んでいないかのようですが、決してそうではありません。

Xは妻子もいるが、これまで定職に就いたことはなく、半グレのシノギで生計を立てています。Yは以前、普通のバーをやったことがあったが潰れたため、現在は定職には就いていない。Zのみ、解体の現場での仕事があり、日給は1万2000円だといいます。

3人の所属するグループのシノギを聞くと、オレオレ詐欺、アポ電強盗、クレジットカード詐欺、薬物の密売、空き巣等を挙げました。これらを先輩からの紹介などでその時々、メンバーを変えて実行。グループ内の人間関係は「いわゆる先輩、後輩の関係」(Y氏)が軸となっていて、自然な上下関係があるのだといいます。

「先輩(XとY)がいるから、自分は従うだけ。いつも良くしてくれるし、地元も一緒だから、親近感あるんです」(Z氏)

地元を重視する価値観は共通しています。

「お金も大事だが、仲間も当然、大事。だってみんな地元が一緒で、昔っからツルんでいた仲間でしょう。連帯感みたいの強いんですよ」(X氏)

「自分も同じで、カネも稼ぎたいけど、仲間との関係も大事。10代の頃からの付き合い

だから切りたくないんです」（Y氏）

「地元の仲間が自然に半グレになったから、自分も半グレになったと思う。そういう付き合いで仲間との関係も大事ですね」（Z氏）

こうした「地元の人間関係、上下関係を重視する」「仲間を大事にする」といった話からは爽やかな印象すら受けるのですが、一方で彼らが協働しているのは歴とした犯罪であり、その自覚は当人たちにも十分あります。半グレが無くならない理由を聞くと、こう答えました。

「単純に、稼げますからね。自分も今、月のシノギは100万円ほどあるし」（X氏）

「（何かに）不満持っている奴、ちゃんと生きれない（普通に就職して働けない）奴がいるから、無くならないと思う。仲間と一緒に遊んで、カネにもなるんだったら、その方が楽だから」（Y氏）

「誰でも簡単に金儲けできるから。無くならないんじゃないですかね」（Z氏）

半グレになった不良少年の社会的背景

聴取対象の半グレから、彼らの家庭の状況や、非行、犯罪の深化などにつき簡単に聞いたものの、話がいささか断片的であるということは否めません。現役であるだけに、語れないことや語りたがらないことが多いのも一因でしょう。

そこで、筆者が2019年に就労支援に関った対象者につき、もう少し具体的に成育背景を探りました。以下、2名の10代の半グレ、1名の青年の「出し子」です（筆者の半グレ分類によると、いずれもカテゴリー②に分類）。彼らの社会的背景と、それぞれ特殊詐欺に関るようになったきっかけを見てみましょう。

半グレ少年（甲）

身長180センチ程度でやせ型。慢性肝炎の疑いがありますが、比較的健康体、知的に問題は見られない少年です。

性格特性としては、「気弱で自分の能力や発言、行動に自信が持てずにおり、他者からの評価に敏感で、自分の考えよりも、その場の雰囲気に流されがちであり、主体的な行動が苦手である」と、診断されています。

この少年は2000年生まれで、面談時点で19歳です。8歳の時に両親が別居し、12歳の時に離婚しています。少年は、この頃から問題行動が増え、夜遊びや学校の遅刻が指摘されました。14歳の時にはスーパーでの万引きやバイクの無免許運転で道路交通法違反を起こして補導されています。

15歳で中学校を卒業。私立高校に進学しましたが高校1年の夏休みに高校を中退。その少し前から働き出した飲食店のアルバイトも辞めています。

高校中退とともに、ガテン系の仕事に就きますが、1年間に三つの事業所を転々とし、とにかく仕事が続きません。16歳の夏、財布の置き引きで補導され、短期の保護観察処分となりました。

17歳の時、実母が再婚し、処分から半年後には保護観察良好とされ、観察解除となります。

同時に、テキヤで働きはじめ、賭け事で数十万円の借金を背負い、家出に至り、暴力団の事務所に出入りを始めました。その2カ月後、暴力団員と共謀して、キャッシュカード詐欺で逮捕されました。前後1カ月以内に、8件の特殊詐欺と窃盗に関与したとして少年鑑別所に入所し、第1種少年院送致となっています。

半グレ少年（乙）

身長は170センチほどで、中肉の体形です。健康上は特に問題はなく、知能指数も一般的なレベルです。

性格特性としては、「不快な状況から安易に逃避しようとする構えが強く、自分の行動がどのようになるかという見通し、行動を制御する力が不足している。また、法的措置を受けても、自らの問題点を振り返って内省を深めることはせず、非行を繰り返しており、規範意識は乏しいといわざるを得ず、その問題性は相当根深いもの」との診断がなされています。

この少年は、2001年生まれで、面談時点で17歳です。実母と義父の家庭にて成育していますが、家族関係の詳細はわかりません。小学校の頃、近所にあるショッピング・センターを遊び場としていたそうです。そこに遊びに行くと、校区外の小学生も遊びにきており、そこで交友関係を広げたとのこと。こうした交友が、後の不良交友につながっていると、調査票には記載されています。

非行をするようになったのは、中学1年の頃といいます。その当時、「周りもやっているから、自分もやらないとダサいと思い、万引きをするようになった」とのこと。

中学2年の時、先輩のバイクを運転させてもらい、中学3年からは暴走行為をするようになりました。暴走の回数は「数え切れないほど」と言います。この少年は車が好きなようで、15歳の時に、先輩の名義でレクサスを購入。後述するマリファナの売買には、車が欠かせなかったと述べています。

中学を卒業後、「高校には進学せずに仕事をした方がカッコいいと思い」建設作業員として就労しますが、最初の職場を皮切りに、職を転々と変えています。

自身は薬物をやったことはないものの、（中学卒業後）ツイッターで時給がいい仕事を探していて、先輩から紹介されたマリファナの密売の仕事をしています。この密売は、都市の飲み屋街や山中で行われていました。少年は、いわゆるマリファナの「出し子」のような役割を担っていたといいます。シノギとしては、一日で数万の稼ぎになったと筆者に述べました。もっとも、この薬物の供給元は暴力団であったとのことです。

その後、16歳の時に、窃盗、住居侵入、道路交通法違反で逮捕され、保護観察処分を受けています。保護観察期間中、再非行（無免許による道路交通法違反）で逮捕され、少年院に送致されました。少年院を仮退院後、両親が本人の引き受けについて判断を迷っていましたが、実母を引受人とした生活環境調整とし、住み込み就労を選択するに至っています。

半グレ青年（丙）

個人でのネットサイト出店から闇業者とつながり、人生を棒に振ってしまった青年です。ネットというバーチャルな空間を通して人とつながることが、いかに恐ろしいか、考えさせられる事例でした。彼は、筆者との初対面の時、「親玉は中国人だった。怖かった。警察に捕まった時は心底ホッとした」と語りました。

身長は165センチほどで痩せています。知能指数は一般的なレベルです。入墨などもありません。筆者との面談時点で31歳でしたから、犯行時の年齢は27歳くらいです。特徴的だったこととして、10近い資格を所持していました。難易度の高い国家資格も複数含まれます。

性格特性としては、「明るく社交的で、活動性も高いが、軽率で調子に乗りやすい」との所見が得られています。実際、自身がインターネットの個人出店で、月に30万円程度儲けていたことから、ネットに潜む犯罪及び危険性に対する警戒心は低く、取り調べ時にも「『こんなこともあるのですね』等と発言していた」と記されています。

この人は両親の元、長男として地方の都市に生まれました。5歳の頃に両親が離婚し、母親に養育されました。7歳の時に母親が再婚し、8歳の時、異父弟が誕生しましたが、障がいがあり介助が必要でした。

18歳の時に工業高校を卒業し、大手企業に就職しており、年収は500万円を超えていました。21歳で結婚もして、一般的なサラリーマンとして順風満帆な社会人人生を歩んでいました。

24歳の時、知人の紹介でネットワークビジネスを始めました。この年、第一子が誕生。27歳の時、ネットワークビジネスと並行して、インターネットビジネス（ネットオークション）を開始。これらの副業だけで月に20～30万円を稼いでいたそうです。しかし、ある日、会社から帰ると突然、妻から離婚届に署名するように言われました。理由は不明だったそうです。

同年、会社を辞め、インターネットサイトの個人事業を開始。ネットの世界で成功するには、人的ネットワークが必要と考え、ネット上で積極的に同業者や異業者と交流を持つように努めたそうです。その中の一人から「お金を運ぶ仕事」の依頼を受け、時間に余裕もあったことから引き受けたとのこと。ネットワーク構築が目的で、お金を得たいがためだった訳ではないと主張しています。

しかし、依頼された仕事の詳細を聞いた時、すぐに犯罪行為と気づいたものの、その時点で、グループの背後に中国マフィアが存在すると聞かされ、仕事を断ると親族にも危害が及ぶと脅されて断れなかったと言います。大手の会社を辞職して、2カ月後に逮捕されるまで、4件の事件に加担しています。28歳の時、詐欺、窃盗、詐欺未遂の罪で有罪判決を受け、懲役刑に服しています。

出所後は帰住地を変え、しがらみの無い土地で一からやり直したいということで、筆者の就労支援対象者となりました。国家資格を複数所持していましたので、スムーズな就労ができました。「もう、二度と同じ過ちは繰り返しません」と、固い意思をもって就労しましたから、この方は、半グレグループに戻ることはないと考えます。

普通の子を巻き込む

半グレ甲、乙2少年の話を聞きながら、筆者は自分の少年時代と比べ、非行内容の違いに驚いたことを覚えています。1970年生まれの筆者の時代は、喧嘩や万引き、バイク窃盗が主な非行で、薬物といえば、ボンドやシンナー位のものでした。基本的に好奇心や快楽のための犯罪です。

しかし、彼らは、マリファナを商い、それも大人の犯罪者と組んでおり、犯罪色がより強い活動を行っています。なお、甲、乙両名とも、10代にもかかわらず、広範囲に刺青（タトゥー）を入れています。

大人が、それも暴力団が、彼らのような少年を巻き込んでシノギをしなくてはならないということにも驚きでした。少子化で組員確保が難しいということもあるのでしょうが、筆者の時代には考えられないことです。

筆者の時代には、暴走族にも「卒業」があり、いい年をして非行を繰り返しているのは格好悪いという「不良の文化」が存在しました[27]。筆者の経験でも、6～7年も不良をやっていると、いい加減に飽きてくるものです。しかし、現在の半グレの青少年は、成人後もズルズルと犯罪を繰り返しており、卒業という概念が無いようです。そのあたりは、アメリカのハリウッド映画に出てくるような、（加齢とともに犯罪を断念することなく継続する）クリミナル・ユース・ギャングに似てきた感があります。

関東連合に関するノンフィクション3部作の著者で元リーダーの一人、柴田大輔氏も、半グレとは「これまで、成人の不良は暴力団に所属する、という流れが当たり前でした。

その流れに反して、暴力団に属さずに不良を続けている集団、海外で言えば、『ギャング化』した不良グループです。言葉としては、ジャーナリストの溝口敦さんの造語で、暴力団にも属さないが正業もしない、暴力や違法なシノギ（収入を得る手段）を生業にする、もしくは正業と兼ねてする者たちを、『グレーゾーン』や『半分グレている』という言葉にかけて表現したものだと思います。ただ、半グレという言葉自体が示す範囲は曖昧で、実態はグループによって地域差もあれば、程度の差もあります」と解説して、クリミナル・ユース・ギャング化にも言及しています（nippon.com　2017年10月10日）。

一部大学生にも浸透する半グレ化

また、ここまでに見た半グレたちは皆中卒、高卒でしたが、現在では半グレまがいのことをして問題となった大学生の事例もよく報道されています。

早稲田大生が大麻取締法違反容疑で2004年から08年までに7人逮捕された件、同志社大生3人らによる、女性に好意を抱かせ風俗店にあっせんした事件（2017～18年）、イベントサークル幹部の日大生らによる、退会希望学生恐喝事件（2016～17年）などなど、枚挙にいとまがありません。彼らの犯罪は半グレに引けを取らないものです。

どうも、一般青年と不良の境界線がきわめて不明瞭になっているように思えます。

実際に半グレとして逮捕された大学生もいます。２０１９年11月29日には、大阪学院大の学生（20歳）が、高齢者からキャッシュカードを盗み、不正に現金を引き出したとして、窃盗の疑いで府警捜査２課に逮捕されています。容疑者は半グレグループ・モロッコの２トップの一人で、特殊詐欺グループから、現金を受け取る「受け子」の手配を請け負っていたとされています（神戸新聞　２０１９年11月29日）。

大阪府警が特殊詐欺で摘発した少年の記事を見ても、境界線がなくなってきている傾向が見て取れます。時事通信２０１８年12月29日の「普通の中高生『受け子』急増＝対策条例でリスク周知へ―大阪府警」という見出しの記事によると、「割のいいバイトがある」などと、知人の声掛けやインターネットの交流サイト（ＳＮＳ）で誘われたケースが目立つといいます。

大阪府警が２０１８年に特殊詐欺で摘発した少年は、11月末時点で計55人。低年齢化、過去に触法経験（非行経験）がない普通の少年が増えているとコメントされています。

２０２０年に警察庁が発表した「平成30年における特殊詐欺認知・検挙状況等について」によると、特殊詐欺における「暴力団構成員等の検挙人員は６２５人（前年比＋7人、

＋１・１％）で、特殊詐欺全体の検挙人員の２割強（23・３％）。少年の検挙人員は７４９人で、特殊詐欺全体の検挙人員の約３割（27・９％）を占め、増加傾向（前年比＋２６９人、＋56・０％）。少年の検挙人員の約８割（75・６％）が受け子で、特殊詐欺全体の受け子の検挙人員の４割弱（36・５％）」と報告されています。

こうした「犯罪の低年齢化」「犯罪のボーダレス化」という現象は、暴力団が少子化の影響で人材不足になり、暴排条例による締め付けでシノギが苦しくなったというような事情があるのかもしれませんが、暴力団のアングラ化も視野に入れて、闇バイトの実態や特殊詐欺実行犯の低年齢化の背景を解明し、早急に対策を講じる必要があります。

半グレ青年内の事例などは、我々、一般社会に生活する大人が誰しも簡単に犯罪に巻き込まれるおそれを示唆するケースです。筆者が驚いたのは、半グレの背後にチャイナ・マフィアが存在し、日本国内で特殊詐欺をシノギとしていることです。[28]この人の住んでいたところは地方都市でしたし、そこをシマとする暴力団もいますが、暴排の影響で、シマの管理・統制が十分に出来ていない現状を垣間見た気がします。

実際、現役のある組長に聞いた話によると、半グレのアジトに赴き、自分たちのシマ内で妙なことをするなと警告したところ、「あ、暴力団の方ですか。画像撮りますね。

「警察呼びますか」などと、「ヤマを返してくるから始末に負えない」とこぼしていました。だから「半グレを抑えるなら、半グレにやらせる」という方法を採る暴力団がいることも得心できます。

筆者が支援に携わった、不遇な家庭に生まれたとはいえ目先のカネに惹かれることで大人顔負けの犯罪への従事に至った2少年。真面目な会社員でありながらネット上で半グレと袖振り合った結果、脅されて一味となってしまった青年。いずれも矯正施設に収容され、青春の貴重な時間を奪われ、社会的信用を失い、社会から「犯罪者」「反社」というラベルを貼られる事態に陥りました。

確かに犯罪は許されることではありません。しかし、彼らは「無知ゆえに」「脇が甘かったゆえに」プロの犯罪者から利用された被害者とも見ることができないでしょうか。これが「つまようじ」と評されるカテゴリー②に分類される半グレの実態でもあります。

筆者は、平素から更生保護の現場で、また裏社会の取材を通じて、準暴力団（半グレ）の人たちと接点があります。しかし、警察庁組織犯罪対策部組織犯罪対策企画課が毎年発表する「組織犯罪の情勢」をみても、準暴力団（半グレ）に関する記述はわずかです。つまり彼らは、公的には、まだその実態が暴力団ほど把握されていない集団ゆえに警戒すべきなのです。ここで、筆者は繰り返し強調させて頂きます。現状の問題点は「どこにでもいる不良が半グレになる」「半グレは普通の子を巻き込む」ということです。

改めて問われる家庭の重要性

大人の半グレにしても、少年の半グレにしても、その半数以上で家庭に何らかの事情（たとえば、両親の離婚に起因する暴力的な養父の存在、家庭の貧困傾向やネグレクト傾向による怠学など）があります。つまり、人生のスタート地点でハンデを負っている点が、筆者の聞き取りや彼らの調査票からも共通して指摘されるのです。これは、本書で紹介した半グレだけに限ったことではありません。筆者が更生保護就労支援事業所長として携わった少年の半数以上が、（調査票を読む限り）家庭に何らかの看過し難い問題を有していましたし、裕福でもありませんでした。最大の問題点として、そのような家庭に彼らの居場所が無いことが指摘されていました。[29]

現在は少年でも、銀行口座の売買やオレオレ詐欺に関与すると、自分の銀行口座が作れなくなる現実があります。[30]「誘われたから」「バイト代がよかったから」程度の思慮不足で軽率な行動によって、未来の可能性が閉ざされる憂き目に遭うのです。そんな彼らが、もう上を見上げられないからと、下に向かって転がり落ちるのは想像に難くありません。加害者であっても、一方で被害者でもあるといえるこうした少年を、日本社会はどのように更生させてゆくのか。その更生支援は「官」任せでよいのか。ボランティアの保護司任せでよいのか。社会は、彼らにどのようなやり直しの機会を与えられるのか——我々は考える時期にきています。

本書で取り上げた数人の半グレの実例からも、「人生のスタート地点でハンデを負っている」若者の多くが、近隣で先輩＝後輩から構成される同類項集団を形成し、不良交友を経て、半グレに至るという道筋が見えてきました。

この人生のスタート地点におけるハンデや、近隣の同類項集団の不良化という非行深化のプロセスは、暴力団加入のプロセスに類似しています。

ヤクザになる理由

暴力団加入の社会的・個人的要因については、拙著『ヤクザになる理由』において議論しましたので、概要だけ記します。

一人の人間が暴力団に加入する社会的要因と個人的要因とは一本の撚り合わせられた

ロープにたとえることができ、生まれた時から、暴力団に加入するまでに至る個人の社会化の過程を時系列的に見れば、社会的要因の存在を背景に個人的な要因が生じていることがわかります。

たとえば、裕福でなく、かつひとり親家庭で虐待・放置が指摘される、などの機能不全家庭という環境において育った少年は、マナーや学業成績が悪くなる可能性が高くなります。このように述べると「不遇な環境でも立派に育った人がいる！　差別を助長するな」と青筋を立てて怒る方がいます。だから「可能性が高くなる」と述べました。それを否定するのは難しいかと思います。筆者の研究に限らず、犯罪に関連した先行研究はそうした傾向があることを示しています。

こうして形成された個人的な特性ゆえに、発達とともに新たな帰属社会（集団）も決定されていきます。難しい言い回しをしてしまいましたが、不良になったことで、家庭の次に接する社会（集団）は、不良グループから暴力団になる可能性が高くなる、ということです。

社会的、個人的な要因の何れが欠けても結果として暴力団への加入は為し得なかったと考えられます。そうした各要因は有機的に関連し合いながら少年を暴力団加入へと導いていく——これが筆者の考えです。

　ここで注目していただきたいのは「有機的に関連し合う」というところです。つまり貧困、片親、親の愛の欠如、犯罪集団が身近に存在していること等々、さまざまな要因があるのですが、これらが単独で何かを決定するわけではなく、それぞれが作用することで、時に少年を暴力団に導いてしまうということです。具体的に要因を挙げることは「差別を助長する」と言う方が懸念しているのは、この中の一つだけ、あるいは突出した要因を決定要因のように語るロジックが蔓延することではないでしょうか。

　つまり「片親だと子どもはグレる」「貧乏だと子どもがグレる」といった言説ですが、現実はそのように単純ではありません。だから「貧乏でも片親でも立派に育った人」もたくさんおり、むしろほとんどの人は真っ当に生きているのです。先ほど述べたように個人的要因と社会的要因とが複雑に絡み合い、作用し合うことで、一部の人が暴力団に加入するに至る。これは多くのヤクザに聞き取りをし、ライフヒストリーに耳を傾ければ明らかです。

筆者が取材した半グレのケースを見ると、暴力団加入に至るプロセスによく似ています。特に少年が非行に走ったのち、非行集団に入るまでは同じです。

違う点は、繰り返しになりますが、非行集団から半グレという犯罪集団加入へのハードルがとても低いことです。「盃がないからスタートラインに立ちやすい」のです。

暴力団では、親分の盃を貰うまでの間、数年の部屋住み修行が欠かせません。この修行期間を現代の若者は忌避する傾向があります。

筆者が就労支援で担当した少年も、「希望する仕事」の欄に、「修行的なものとかない仕事」などと書く者がいました。こうした若者の傾向は、何も非行少年ばかりではなく、一般の職業社会でも見られることです。たとえば昨今、日本料理職人の後継者が育たないという声を聞きますが、一人前の板前になるためには、追い廻し（雑用全般）から始めて揚げ場、焼き方等のプロセスを経て、10年ほどの修業の後にようやく脇板、板前となります。職業社会でも一人前になるためには、一定のトレーニング期間が不可欠なのです。

半グレには、そのようなトレーニング期間はありません。街角の仲間とツルんで不良をしていただけの集団が、メンバーの加齢とともに犯罪集団に変質していきます。

このことは、犯罪学的な通説、すなわち、加齢とともに非行化傾向は減衰し、真面目な大人になってゆくとされる現象（筆者の世代に存在した暴走族の「卒業」のようなイメージ）に変化が生じていることを表しています。

半グレは、そのような卒業のタイミングがありません。就職、結婚といったタイミングで抜けるということも一般的ではないのです。

軽い感じで、地元の友人たちとツルんでいるうちに半グレ化し、そのまま特殊詐欺に代表される犯罪にチームで手を染めます。この半グレの実態解明のためには、早急に様々なサンプルを収集し、研究していく必要があります。半グレや半グレから利用された若者を更生させるためには、半グレという社会集団の実態解明が待たれます。

ギャング対策に見る半グレ対策の先行例

ダラダラと犯罪を続ける彼らは、クリミナル・ユース・ギャング（犯罪的な若いギャング）に似てきた感があると先述しました。もしかしたら、半グレの対策には、海外のギャング離脱支援プログラムが参考になるかもしれません。

カナダのオタワ市では、２０１１年秋、ヘイスティングスらの研究者により、16歳から25歳の「犯罪的青少年ギャング（CYGs）」を対象とした離脱支援プログラムがまとめられました（Hastings, R. et al. "Leaving Criminal Youth Gangs: Exit Strategies and Programs," 2011）。

ギャング離脱プログラムの目的は、ギャングに関連する人物やギャングそのものへの所属から、より社会的な生活へ、（ギャング離脱）支援対象者の人生軌道を修正することです。

具体的には、以下のような内容です。

まず個人（当人）には、社会性及び認識能力の強化、自尊心の向上、自己葛藤の克服能力の習得、より強固な自己同一性及び自己コントロールの行動管理、より積極的で前向きな選択能力の発達が促されるよう導きます。

その家族には、当人と家族とのより健全かつ前向きな関係の構築を提案していきます。

学校に通っている場合は、学業への定着や成績の改善を促し、反社会的態度を有する仲間から距離をおき、非行集団からは離脱する必要性を指摘して、指導します。

さらに地域社会では、青少年が地域に積極的に貢献できるような対策を講じます。

要するに、更生を当人のみに働きかけるのではなく、家族、学校、地域全体で取り組む問題だとしているのです。

提唱者であるヘイスティングスらは、プログラムの大半は、青少年のよりよい目標達成のために「教育的、職業的な訓練プログラムの提供」に焦点を合わせているといいます。その他、ギャング集団や仲間から距離をおくため、青少年がギャングを通じて求めたもの――彼を支援してくれる仲間関係、チャレンジの機会、所属できる居場所、を地域社会が提供することで、離脱する障壁に対処できると説明しています。

さらに、ギャング構成員へのプログラムは、筆者が2014年に行った研究で主張した暴力団離脱政策における理論的視座同様に、根底にはライフコース（人生行路）理論の考え方[31]が存在します。

ライフコース理論は実例で考えればそんなに複雑な話ではありません。ポイントは以下の通りです。

① **法律での取締りなどとは別に、人生行路上で個人的に経験すること、人間関係などの影響を人は大きく受ける。**

進学や就職、結婚といった人生の転機がその人の意識や生活を変えるということです。

「もう大学生なんだから暴走なんてやってられない」

「就職したんだから悪い仲間とはツルめない」

「結婚した以上は妻子に迷惑はかけられない」

これはごく普通のことです。

② しかし、その社会や人間関係が悪い方に作用することもある。

上司や同僚の期待に沿うべく努力する、というのは基本的には悪いことではありません。しかし、その上司や同僚が、悪い先輩や仲間だということもあります。「アニキのためならやらねばならない」というのがこれです。ごく簡単に言ってしまえば、「朱に交われば赤くなる」ということです。

人間は社会的動物であり、他者との人的なつながりが必要であり、そのつながりの質次第では合法的な行動だけでなく、非合法的な活動も行うと考えられます。少年時代から不良グループの一員として過ごしてきてしまったとしても、就職や結婚というターニング・ポイントを経験し、「この人に迷惑をかけられない」「この人の信頼を裏切れない」という義理や自制が内なるコントロールとして正しい方向に働けば、更生して犯罪的な生活から足を洗う可能性があります。

ですから、人生のスタート地点で少なからず不遇があり、やがて同類項集団を形成し、街角の不良仲間とツルんで、犯罪に手を染める半グレになった――そうした若者にも「犯罪者」「反社」というラベルを貼って社会的に排除するだけでは、根本的な問題解決にならないと筆者は考えます。

そのような画一的な対策のみでは、彼らは慣習社会で「生きづらさ」を感じ、街角の犯罪的な仲間の中にさらに逃避しつつ、犯罪を繰り返す悪循環に陥りかねません。再犯は彼らの人生の浪費であると同時に、社会にとってもマイナスであり、被害者を再生産するだけです。

海外のギャング離脱プログラムが示すように、犯罪グループからの離脱を促すためには、彼らのよりよい合法的な目標（犯罪を前提としない喜びや幸せなど）達成のために、訓練となるようなプログラムを提供・定着させることに一層、焦点を合わせるべきです。あるいは、犯罪集団（不良グループを含む）、犯罪に関係する仲間から距離を置くためには、彼らがそうした集団に求めていた支援的関係（仲間意識）が築ける「帰属集団」や協働する「挑戦的行動」、所属できる「居場所」を、社会が犯罪集団に代わって提供する必要があるのではないでしょうか。

もちろん、これまでも矯正施設などで、過ちを犯した青少年への働きかけは行われてきましたが、少子高齢化が進む我が国では、過去にも増して若者は貴重な社会的資源となっています。若いパワーを無駄にすることなく、ひとりでも多く更生し、生産的な人材に育ち、納税者となってくれることが、日本の未来に資するのではないでしょうか。

特に本章でカテゴリー②に分類した、より年少で、誘い込まれて安易に犯罪の実行役になってしまったような半グレたちほど、支援が早ければ早いだけ更生の可能性が高いと考えられます。ですから、ワンアウトで社会から排除するのではなく、彼らに更生するためのセカンドチャンスを与え、社会的に包摂する寛容な施策を検討してほしいと考えます。慣習的な職業社会が彼らを受け入れ、若い人たちにとって信頼すべき社会関係資本となり得るのならば、結果的に社会の生産性を高めることになるからです。

半グレとその予備軍の少年たちの就労支援をする際、筆者は彼らに対して支援者・年長者ではありますが、できるだけ目線を同じにして、時には共通言語（業界用語）を交えて話すようにしています。まず話すのは、特定のヤクザのように暴力団で成功して名を成している人物が半グレにはいないこと――たとえば、関東連合ＯＢ等の有名どころも、結局は塀の中に落ちていることを話します。さらに、半グレは暴力団と異なり、組織力も資金力もスキルもないために、結局は会うことさえない上層部の悪い人たちから使い捨てにされ、大事な人生を失うという事実を、自分が見てきた通り聞いたままに伝えています。

そして、いま現在を考えるよりも、少し先でいいから未来を考え、資格を取るなど職業社会でスキルアップすること、そのための職場——たとえば、単純な建設現場のテゴよりも、手に職がつく電工会社などへの就労を勧めています。「10代の現在、日払いで日給が1万円もあれば御の字かもしれないが、君が30代、40代になった時、日給1万円の日銭をもらうだけでは、家族を養えないだろう」(土木等の外仕事は、天候に左右されるため、月に20日以上働ける保証はありません）ということを、折に触れて言い聞かせています。

彼らの多くは、中卒で社会に飛び出て、職業社会の仕組みを教わったことがありません。知り合いや、友達の伝手で仕事を見つける傾向があります。自分にある程度の労働契約や権利主張についての経験値や知識がないと、賃金を誤魔化されたり、そもそも給料を貰えなかったりする事態もあり得ます。実際に、そうした実例を耳にします。だから、彼らには「友人・知人の義理を噛むな」(友人・知人の伝手を頼るなど世話になるな）と常々伝えています。下手に「義理を噛んで」就職すると、「ケツを持っていく相手がいない」（不当な扱いをされた時に文句を言う先がない）からです。そうした危険を避けるためにも、公式な紹介で就労するように勧め、給与の未払い問題等が生じた場合は、紹介したハローワークなり、労働基準監督署に相談をする方法があることを教えています。

若い人たちの非行や犯罪の深化の多くは、無知・無経験ゆえの過ちを積み重ねた結果も大きいと考えます。筆者は多くの少年の就労支援に携わり、彼らを教導してくれる先達の存在や、社会の必要性をひしと痛感しています。

「諸君ヨ人一人ハ大切ナリ」とは、1885年12月18日、同志社英学校創立10周年の記念式典の式辞で新島襄が語った言葉です。我々は、日本の未来図を考えるにあたり、この言葉を、非行少年の立ち直りを始めとする更生保護活動の根底に記すべきと考えます。

第五章　離脱支援こそが解決への道

希薄化した人間関係が反社のシノギを生む

あらゆる犯罪の実行犯グループである半グレの勢力拡大が、社会問題化しているのは見てきた通りです。しかし、前章で半グレを野良犬に例えましたが、実際の裏社会の仕切り人は一枚上手のオオカミ＝暴力団であることに変わりはありません。これは本書で紹介した半グレたちの証言を見ても明らかで、何せ歴史とキャリアが違うのです。

暴力団はプロの犯罪者集団です。何より社会が最大限に警戒すべき理由は、彼らの理論でシノギになる、あるいは仁義を通すためと判断すれば、カネを奪い、土地を奪い、平穏な生活を奪い、最後には命さえ奪う可能性があるからです。福岡に生まれ育った筆者は、地元で特定危険指定暴力団・工藤會によるカタギを対象とした数々の悪行を目の当たりにしてきました。

表の社会では、ニッチな分野で利益を上げた企業の仕事には、すぐに大手資本の企業が触手を伸ばして飲み込んでいきます。往々にして資本やネットワークに乏しい新参者は、一瞬は輝くかもしれませんが、その寿命は短いのかもしれません。

裏の社会でも同様です。高齢者を狙うオレオレ詐欺をはじめとする様々な特殊詐欺は、もともと半グレのシノギでした。しかし、暴排条例でがんじがらめの暴力団の一部が、このシノギに目を付けました。お年寄りなど社会的弱者をシノギの対象にしなかった暴力団も、背に腹は代えられなかったのでしょう。

毎日新聞の記事によると、特殊詐欺グループの首謀者や指示役など「リーダー格」として2019年に全国の警察が摘発したのは156人に上り、半数近くの71人が暴力団関係者だったことが分かったとあります。異なる指定暴力団傘下の組員同士が連携するケースも出てきているそうです。また、警察庁の報告によると、特殊詐欺事件で摘発したのは6773件の2911人で、いずれも過去最多だったそうです。このうち暴力団関係者は前年に比べて128人少ない527人だったが、リーダー格として摘発された割合はほぼ変わらない、とあり、特殊詐欺が、もはや暴力団が牛耳るシノギと化していることが窺えます（毎日新聞Web版　2020年2月20日）。

裏社会の真の実態について、もはや正確なことは分かりません。しかし、暴力団、半グレ、元暴アウトローが、メルトしてきていることは、新聞報道からだけでなく、今日まで裏社会を取材してきた筆者の肌感覚でも肯定できます。悪い人たちの裾野が広がった感を持つのは筆者だけでしょうか。

彼らは規制の網の目をかいくぐるように悪事を重ねています。暴排、反社排除に抗いながら、実態を分かりにくくする手口や、多くの場合、お年寄りなど社会的弱者が標的になっている点も含めて、断固許さない姿勢で臨まねばならないのは言うまでもありません。

しかし、半グレをはじめとするオレオレ詐欺被害の拡大を許した背景には、我が国の抱える問題に付け入られた——社会の隙を突かれたことも大きいのではと筆者は考えます。それは、人間関係の希薄化と社会的孤立の進行です。

これまでも、様々な社会病理を生む土壌が人間関係の希薄化と社会的孤立であると、筆者は講演する度に申し上げてきました。

社会学を研究する矢島正見などの研究者もこの点を非常に問題視しています。「都市的生活様式が浸透すれば、全国的に人間関係は希薄するのは必然である。地域での人間関係は希薄化し、職場での人間関係は皮相化し、学校でもクラスが一体となることがなくなり、家族にあっても夫婦関係や親子関係がときとして希薄化する……配偶者には先立たれ、子どもとの関係も希薄化し、孫の顔もここ数年見たことなく、地域では孤立している一人暮らしの高齢者」を生むと指摘します（矢島正見ほか編著『平成の青少年問題』一財青少年問題研究会　２０１９年）。そうした人間関係が希薄化した社会に付け込んだのが、被害者が誰かに相談できて、冷静に判断すれば起きえなかった詐欺的犯罪です。

暴排条例にみる反社取締りの強化は、副作用として高齢者の命金を奪う非情な犯罪を生んだといっても過言ではないでしょう。

暴力団は表立って、高齢者や未成年者をシノギの対象とはしてこなかったことはすでに述べました。警察庁によると、暴力団の資金集めについては、覚せい剤取締法違反、恐喝、賭博及び公営競技関係4法違反（ノミ行為等）を「伝統的資金獲得犯罪」と位置付けています。これらに加えて、管理売春、風俗店や建設業者からのみかじめ料の徴収、各種賭博、ヤミ金、債権回収などが代表的です。こうしたシノギを、組員各自が、所属する暴力団の威力を背景に行ってきました。

しかし、先に紹介した警察庁「平成30年における特殊詐欺認知・検挙状況等について」に特殊詐欺における「暴力団構成員等の検挙人員は625人」とあり、暴力団の変質が窺えました。半グレという犯罪集団の勃興は、暴力団のカネとメンツを脅かしました。結果として、最初は自由にシノいでいた半グレも、徐々に暴力団にグリップされ、後ろから糸を引かれざるを得なくなったのです。そして、半グレだけでなく、裏に隠れた暴力団そのものも「見えにくく」なって行きました。

当局もこうした傾向は把握しています。

「準暴力団には、暴力団との関係を持つ実態も認められ、不法な資金獲得活動によって蓄えた潤沢な資金の一部を暴力団に上納する一方、自らは風俗営業等の事業資金に充てるほか、他の不法な資金獲得活動の原資となっていることがうかがわれる事例もみられる。

また、現役の暴力団構成員が準暴力団と共謀して犯罪を行っている事例もあり、暴力団と準暴力団との結節点が存在するとみられる。

特殊詐欺については、暴力団のほか、準暴力団が特殊詐欺グループを形成し、又はその背後に存在し、暴走族、非行少年等が架け子や受け子等として特殊詐欺を行う実態がみられる。また、準暴力団関係者が、配下となる者に対し、途中離脱や詐取金の着服等をした場合は厳しい制裁が加えられる旨を警告したり、検挙された場合は共犯者に関する供述をしないことを誓約させたりするなどして、犯行グループを統制していることがうかがわれる」（警察庁「平成30年における組織犯罪の情勢」）と報告されており、暴力団が半グレをシノギに利用している図が肯定されています。

暴排が進んだ現在、暴力団も代紋のご威光や精神的支柱では食えません。形だけ組員に籍を抜いてもらい、経済活動（合法・非合法を問わず）に専念してもらう方が組織としては安全ですから、形式的な暴力団（偽装）離脱者が増えたことも、暴力団勢力の減少に一役買っているのは事実です。

述べてきたように、暴力団の代紋を外した元暴のシノギは、フロント企業で合法的に稼いでもらうことが望ましいのですが、それができなければ薬物の密輸・密売、特殊詐欺などで稼ぐことになります。万一、警察に検挙されても、「破門」されていれば、お上も組織の上層部に使用者責任を問うことはできません。ちなみに、暴排の強化でシノギを奪われた暴力団でも、才覚ある組織はフロント企業経営などに移行してリスキーなシノギを敬遠する一方、そうした能力の無い組織は、旧来の糧道に細々と携わりながら、リスクの高い薬物の取引や特殊詐欺などをシノギとする以外に生き残る道がなくなっています。

元麻薬取締官が警鐘を鳴らしていますが、我が国では、2016年から19年にかけて「4年連続で（覚せい剤の）押収量が1トンを超える未曽有の事態に直面している」現実があります（瀬戸晴海『マトリ―厚労省麻薬取締官―』新潮新書　2020年）。「これだけの覚醒剤が押収されても巷の覚醒剤価格にほとんど変動が出ない」（同）のが日本社会における薬物汚染の実態なのです（暴力団が末端価格を、ある意味、統制していると考えられます）。

自ら組織の「掟」という鎖を外した結果、元暴アウトローとなってしまった離脱者がいる一方、暴排により糧道を絶たれつつある暴力団は、あえて組員の鎖を外し「掟」の外に出向させて、ハイリスクなシノギにあたらせている。追い詰められた組織は、なりふり構わずシノギを考えなくては存続できない時代になりました。

また、社会復帰に失敗して生きるために半グレ的な活動を余儀なくされていると言っても、元暴アウトローが違法なシノギに従事していることに変わりはありません。もし、単独でシノギをしていたとしても、裏社会は狭いですから、早晩、組織に上納金を支払うことになるでしょう。こうした状況は、当局も承知しているようです。

繰り返しになりますが、2011年から15年に離脱した暴力団員のうち、その後2年間での検挙人員は2660人（1年当たり・1千人当たりの検挙人員は144・6人）であり、2016年における人口1千人当たりの検挙人員（2・3人）と比べると約60倍という高率であることが見て取れ、元暴アウトローの犯罪性を肯定しています。

現在、裏社会の秩序は崩壊しつつあります。仁義や義理人情などなくなり、弱肉強食。カネになると分かれば身ぐるみ剝がしにいきます。とりわけ、2010年に暴排条例が出来てからというもの、年々、暴力団、元暴アウトロー、半グレという各集団の境界線が分かりにくくなっているのは、こうした事情からではないかという考えに至りました。

その点を、暴力団に詳しいジャーナリスト、鈴木智彦氏との共著の中で、溝口敦氏は、裏社会の変化につき次のように示唆しています。

「ヤクザは暴力的にはともかく、経済的には半グレに押されている。半グレはもともとヤクザの親分―子分関係には従えないとするグループである。ヤクザに接近すると、ヤクザからたかられるだけと警戒する者たちだから、基本的に両者は別立ての犯罪集団である。だが、ヤクザの零細化につれ、ヤクザからさえも脱落する元組員たちを吸収する受け皿にもなる。少数だが、逆に半グレからヤクザに移籍する者もおり、一部で両者の混ざり合いが見られる」（『教養としてのヤクザ』小学館新書　2019年）

この指摘にあるように、まさに裏社会カオス時代の到来です。病理的にたとえるとウイルスが増殖し、あるいは強いウイルスが弱いウイルスを取り込み、突然変異を始めたような塩梅なのです。暴力団が半グレをグリップしてマフィア化し、暴力団離脱者から元暴アウトローが増殖して半グレに混ざり、表立って身動きできない暴力団の裏をかく新手のシノギを半グレが繰り出す。

裏の社会がカオス化する現在、表の社会は、防衛のために「反社」色のある人たちを十把一絡げで排除しようとします。そうすると、暴力団真正離脱者をはじめ、心を入れ替え更生しようとしている人たちも排除対象となり、彼らの希望は失われ、再び犯罪の道へと追い込むことにもなりかねません。

この点について、２０１９年10月30日に筆者も登壇した、東京三弁護士会・民事介入暴力対策特別委員会の企画で開催された「暴力団からの離脱を考える」シンポジウムにおける主催者側の話が、法の番人の意見として参考になると考えます。

「暴力団の活動の資源であるヒト・モノ・カネのうち、暴力団の離脱支援は、ヒトを断つための対策という位置づけになっております。暴力団員に対する規制を強めるのと同時に、離脱した後の社会復帰への道筋を示すことにより、暴力団を離脱するインセンティブとなることが期待でき、暴力団の人的資源を枯渇させることが期待できるのです。その意味で、離脱支援は『究極の暴力団対策』と説明されることがあります。

そして、暴力団員を経済社会から締め出すことにより、暴力団からの離脱を促し、暴力団を弱体化させたとしても、実際に、その後の離脱者の社会復帰が進まないと、廣末さんがおっしゃるように、それが新たな反社会的集団を形成し、社会の脅威となるという問題があり、我々民暴に携わる弁護士としても、この問題を無視することはできないと考えております」

そこで、東京の弁護士三会は、元暴力団員の社会復帰が挫折する原因のひとつに口座開設の問題があり、真正離脱者に関しては、この点を緩和することで暴力団離脱者の社会復帰を支援するシステムの構築ができると考えました。

議論を重ねた結果、「離脱者の活動実態を最もよく把握できる存在は、（離脱者を雇用している）雇用主であろうと考え、その人が真面目に生活しているというお墨付きを、雇用主にもらう。ただし、その雇用主が反社会的勢力に関係がある先（フロント企業）だと意味がないので、その雇用主に問題がないことを、暴追センターにお墨付きをもらう」という二重の安全策を講じています。

具体的には、「①その離脱者が警察および暴追センターが支援している者であり、暴追センターの紹介により就職したこと。②その雇用主が、暴追センターの協力雇用主（協賛企業）であることを、暴追センターに証明していただき、③その雇用主に、対象者が自社で3カ月程度の一定期間継続して就労していることを証明していただく」ことが前提になっています。

その上で、「弁護士が1年間程度関与し、問題が生じた場合には、金融機関に通報するという方式が、現時点では一番バランスが良いのではないかと考え」、この方法を提唱、実践しています。

これは、暴排条例の「元暴5年条項」の趣旨、すなわち、偽装離脱の問題から、暴力団を辞めても一定期間社会権を制約する、離脱後の一定期間は様子を見る必要がある点について、第三者である雇用主や弁護士がジャッジするというものです。筆者には、こうした取り組みが、実効的な官民協働の暴力団対策であり、憲法に規定された社会権を、あまねく全ての国民に保障するという観点からも、望ましいと考えます。

反社対策に本腰を入れ出した政府

前述した2007年7月、第9回犯罪対策閣僚会議で取りまとめられた「企業が反社会的勢力による被害を防止するための指針」では、反社会的勢力として、主に暴力団を想定していました。しかし、注として、反社会的勢力に関する定義がなされています。

ここで反社会的勢力とは「暴力、威力と詐欺的手法を駆使して経済的利益を追求する集団又は個人」であり、「『反社会的勢力』をとらえるに際しては、暴力団、暴力団関係企業、総会屋、社会運動標ぼうゴロ、政治活動標ぼうゴロ、特殊知能暴力集団等といった属性要件に着目するとともに、暴力的な要求行為、法的な責任を超えた不当な要求といった行為要件にも着目することが重要である」としています。

なお、政府指針においては、「反社会的勢力を社会から排除していくことは、暴力団の資金源に打撃を与え、治安対策上、極めて重要な課題であるが、企業にとっても、社会的責任の観点から必要かつ重要なことである……反社会的勢力に対して屈することなく法律に則して対応することや、反社会的勢力に対して資金提供を行わないことは、コンプライアンスそのものであるとも言える」として、反社会的勢力との関係遮断は、企業防衛の観点からも必要不可欠な要請であると述べています。

実は、「反社の限定的・統一的な定義は困難」発言の半年前、2019年6月25日に、政府は犯罪対策閣僚会議において、「オレオレ詐欺等対策プラン」を策定しています。

プランでは、「これまでにも官民一体となった各種対策が講じられてきたが、これに対抗した犯行手口の巧妙化・多様化も進んでおり……依然として被害状況は高水準で推移している」点を確認し、「最近では、高齢者から電話で資産状況を聞き出した上で犯行に及ぶ手口の強盗事件が相次ぎ、平成31年2月に東京都内で発生した事件では、被害者の方が亡くなられるなど、社会の不安感は一層増大している。特殊詐欺の被害者は、65歳以上の高齢者が約8割を占める……特殊詐欺等の被害防止を徹底することは、我が国において正に喫緊の課題である」と述べられています。

プランにおいては「特殊詐欺事件の背後にいるとみられる暴力団、準暴力団、不良外国人、暴走族、少年の不良グループ等の犯罪者グループ等を弱体化し、特殊詐欺の抑止を図るため、各部門において多角的な取締りを推進するとともに、積極的な情報収集を行う」とし、具体的に半グレ等の取締りに言及しています。

「オレオレ詐欺等対策プラン」の策定を見ると、「反社＝暴力団」としてきた従来の暴力団取締りのみにこだわる傾向は改められつつあると思います。溝口氏は、著書の中で「警察庁が暴力団に拘泥するのは分からぬではないが、暴力団から切れた地点に新しい組織犯罪集団、たとえば半グレ集団などが生まれていることを見ようとしない。相変わらず暴力団中心主義」であると指摘しています（『ヤクザ崩壊　半グレ勃興』）。「オレオレ詐欺等対策プラン」は、この溝口氏のいう「新しい組織犯罪集団」にメスを入れました。暴力団以外の反社グループによる犯罪が増えるなか、ようやく政府は半グレ等の対策に本腰を入れ始めたといえます。

しかし、政府の対策は遅きに失した感があります。現在の「反社」は、既に燎原の火のように、国中に広がり裏社会にカオスを生じさせています。そして、その犠牲になるのは、「オレオレ詐欺等対策プラン」が指摘する通り、犯罪に取り込まれる未成年者や、社会的に孤立した老人など社会的弱者にはじまり、日々、真っ当に生活している我々なのです。

過剰な「反社取締り」の反動

ただ、こうした取締りで気を付けて頂きたいこと、それは反社モラルパニックです。あまり白黒という色分けに拘りすぎるのも危険です。

２０１９年には、吉本興業の「闇営業」問題が話題になりました。芸人たちが、会社に内緒で出席し、ギャラを貰ったパーティの主催者が、反社会的勢力であることがわかり、芸人や同社は袋叩きにあいました。金塊強奪など重大事件に関わった半グレがその場にいたといいます。

ただ、パーティに出席した時点で芸人は彼らが反社会的勢力だということは知らなかったとされています。ここまでに見たように、半グレと一般人の境目が曖昧である以上、その説明はそう無理はないと思います。

しかし、世間は許しませんでした。「知らなかったはずがない」はまだましで、「知らなかったでは済まされない」という意見も見受けられました。

このように、現在では、ちょっと反社の影が見えたら、その影を踏んだのが、故意であれ、過失であれ、その人に知名度があるほど国中が大騒ぎになります。その大騒ぎで、トバッチリを食う周辺の人たちを見ることが、筆者にはとても悲しく思えます。反社の影を踏んだら金輪際サヨウナラという社会にしてはいけないと思うのです。

なぜなら、世の中が細かなことを必要以上に詮索する傾向を強めることは、決して反社を追い込むことにつながらないからです。それどころか反社の人たちに新たなシノギの機会を与える可能性さえあります。たとえば、一般人のファンを装い、芸能人や有名人と写真を撮り、それをネタに強請《ゆす》る可能性も否めません。一枚の写真に金銭的価値を与えるのは、行き過ぎた暴排強化、反社遮断という苛察に傾いた社会の副産物といえるからです。

「反社」という言葉だけの線を引いたところで、特殊詐欺も一般人への違法薬物密売も減りません。ますます、「臭いものには蓋」だけでは済まなくなってきているのが現状なのです。

繰り返し強調しますが、暴力団は反社の代表格です。最近は暴排条例のお陰で判別しにくくなったものの、「その道のプロ」なら判別は可能です。暴排条例において「暴力団ともちつもたれつの関係にある者」も反社ですが、これも警察に聞けば、ある程度は判別できると思います。

しかし、匿名性を武器とする犯罪集団・半グレに至っては、「その道のプロ」でも見分けることは至難の業です。なぜなら、暴力団組員は「おれ、明日から暴力団組員やります」というように簡単にはなれません。しかし、半グレの場合は「おれ、今日から半グレやります」でできてしまうことは、当事者が実際に証言している通りです。昨日の一般人は、今日の反社となるかもしれない。あなたの身近な人が、明日には反社の一員になっているかもしれません。まるで、ジョージ・ロメロ監督映画の『ゾンビ』のようです。

これは笑い事ではありません。だから、昔はただの不良と言われた若者が、いつの間にか「半グレ」の一員になっている（されている）のです。たとえば、仲のいい先輩から「おまえ、知り合いの通帳を借りてこい」と命令され、あるいは「ちょっとヤバいけど、カネになるバイトがあるから手伝ってくれ」と頼まれたことが、「詐欺的手法を駆使して経済的利益を追求する集団・個人」にカテゴライズされ、反社とされ、彼ら彼女らの未来への道が閉ざされてしまう可能性があるのです。そして最悪の場合、彼らは犯罪社会と刑事施設という負の回転ドアを回し続ける累犯者になる危険があり、更生など覚束なくなってしまいます。

日本政府が、反社を「その時々の社会情勢に応じて変化し得るものであり、限定的・統一的な定義は困難だ」とする答弁書を閣議決定するほど、反社界隈は混沌とした危険な状況にあります。いまこそ、我々一人ひとりが、反社を生まない社会、人間を排除し孤立させない社会を両立するにはどのようにすべきなのか――。お上任せにするのではなく、考える時にきていると思います。

新たな被害者を生まない安心・安全な社会を実現するためには、社会的排除や反社の烙印を押すだけでは解決しないということに共感いただけたとしたら、本書を著した筆者としては嬉しい限りです。すでに述べた通り、反社の犯罪は、我が国の人間関係の希薄化や社会的孤立という病理を巧みに利用しました。

「隗《かい》より始めよ」という故事成語があります。言わずもがなですが、この諺は大事業や大計画など、遠大なことを行うには、手近なことから着手しなさいという意味です。社会的な孤立の種子は、あなたの家庭や近隣社会にあるかもしれません。まずは、身近な人間関係の希薄化に気づき、社会的孤立の芽を摘むことから、安心・安全な社会づくりが始まるのではないでしょうか。スマホに依らない家族との対話、ご近所さんとの対話の習慣が、反社を増殖させない、風通しの良い社会基盤を構築すると考えます。

講演などで以上のようなお話をしますと「そんなの当たり前のことだよ。でも、実際のところ、具体的にどのような方法が考えられるのか」というお声もありました。そこで、筆者が日頃から申し上げている「参考案」をご紹介したいと思います。

この「参考案」は、犯罪の発生や抑制を、地域環境の在り方から考え、地域社会の望ましい人間関係を再考する発想に基づいています。様々な反社集団を生まない安心な社会をつくるため、社会における「援助の責任」の手本を、まずは行政と地域社会に試行してもらうというものです。以下、筆者が考える参考案の紹介をもって、本章の結びとさせていただきます。

地域社会に開かれた窓口を

各自治体には、暴力追放運動推進センター（暴追センター）と呼ばれる窓口があります。暴力団を離脱したい人や、離脱して就労を希望する人が相談に訪れるための行政サービス窓口です。しかし、実際に、ここに足を運ぶ人はそう多くありません。その理由を元暴の人たちに尋ねてみました。そうすると、いくつかの問題点が指摘されたのです。

まず、警察官OBが運営している窓口なので行き難い――彼らはもともと反目《はんめ》（敵）の組織だからというものです。次に、場所が悪い――暴追センターは県警本部などの建物の中にあって敷居が高い。さらに、そこに出入りしている姿を、組織の人間に見られたら、「あいつ、チンコロ（密告）してんじゃないか」と疑われるのでは、などの懸念が生じるとのことでした。

そこで、筆者が提案しているのが、地域社会の気軽に寄りつける場所に、暴追センターの出先機関をつくり、何らかの行動や意思決定を行う際に活用する、「ワン・ストップ・センター」のような拠点をつくれないかというものです。

寄りつきが良い場所とは、たとえば商店街の一角などです。そこに、保護司や暴追センターなどの職員が交代で詰め、現役暴力団員の離脱相談、離脱者の生活相談、あるいは、暴力団員の息子を持つ家族の相談や非行少年を持つ親への対応などを行うと、効率的ではないかと考えます。なぜなら、相談窓口への敷居を低くするこのような試みは、暴力団・準暴力団加入予備軍、同じく離脱予備軍の対策に加えて、再犯の抑止効果があると期待できるからです。

もし、暴追センターの職員が対応しかねる相談を受けたとしたら、当該問題の専門家にリファー（応援要請）することも念頭に置くべきでしょう。

特に大切なことが、反社を辞めて更生しようとする人たちの生活相談です。現在、筆者は更生保護寮（刑務所を出て住むところがない人が、一定期間居住できる施設）で、夜間補導員として宿直もしています。そこでは履歴書の書き方、バイクなどの名義変更や各種行政手続きから年金の納付相談、国民健康保険の加入方法まで幅広い相談を受けます。「そんなこと、聞かんでも分かるやん」というレベルのことですら、彼らのほとんどは知らないのです。たとえば役所での住所変更手続きを満足にできる人は、10人中数名しかいません。筆者が宿直している更生保護寮では、こうした行政手続きに、補導員の保護司が役所の窓口まで同行しています。

世間一般には当たり前でない文化（犯罪社会のサブカルチャー）で生きてきた人には、我々の「当たり前の社会の仕組み」は別世界のことなのかもしれません。それゆえに文化的葛藤に苦しみ、生きづらさを知覚し、自分の経験だけに基づく短絡的な行動を選択した結果、犯罪・再犯に至っている可能性があります。分からないことを気軽に尋ね、手助けしてくれる窓口や機関が「身近に」あれば、もしかしたら、非行の深化や累犯が防げるかもしれません。

現在、問題になっている様々な社会病理——特殊詐欺被害、非行の低年齢化、イジメ、薬物濫用、孤独死、家庭内暴力、児童虐待、ひきこもり等々も、社会的孤立や人間関係の希薄化がその一因と考えられます。これらも、身近に、気軽に相談できる「駆け込み寺」的な拠点があれば、もしかしたら最悪の結果を回避できるかもしれません。

反社会的集団に属した過去、前科や前歴があったとしても、社会が排除することなく、当たり前のことを、誰もが当たり前にできる社会づくりこそが、真の安心・安全な社会をつくる早道であると、筆者は確信しています。

おわりに

筆者は、暴力団離脱者の社会復帰に関して講演をする際、社会学者として伝え続けていることがあります。それは、近代まで日本社会最大の魅力であった利他性の復活に基づく社会的包摂の必要性です。

暴力団離脱者等を研究するにつけ、日本の未来を脅かす最大の問題は「社会的排除」であるという認識を持つに至りました。いま、日本社会はオリンピックを念頭に、「安心・安全な社会」を、国内外にアピールすることに余念がありません。ですから、とりあえず、社会病理にカテゴライズされる諸問題は、来賓用の絨毯の下に掃き込んで隠したいという気持ちは理解できます。

しかし、社会が人や特定集団を排除することは、健全な社会とは程遠いものですし、先進国として許容されるものではありません。排除された結果、「社会からはみ出している」「生きづらい」と感じる人の気持ちを、本書の中で紹介した現役ヤクザが端的に吐露しています――「ワシらは迷子になっている」と。

利他性の復活に話を戻すと、日本人の自由という概念は、諸外国のように、血を流し、革命で勝ち取ったものではありません。戦後、輸入されて定着した考え方です。ですから、筆者には、どうも個人主義と利己主義が混同されているように感じられます。以下、筆者が所属する日本社会病理学会の研究者、矢島正見による見解を紹介します。

「個人主義という大きな歴史の流れから出てきた現代の『個人化』『私事化』も、変更不能であろう。しかし、今まで通りに、それらを賛美し、促進させることもなかろう。今現在の日本は、老若男女とも自己を主張し、自己存在を確認することに明け暮れている。しかし、そうすればするほど自己存在証明の不安にかられる……自分の利益のことばかり、快・不快のことばかり考えていては、自己存在を認識することはできない。私利私欲の達成は満足をもたらすが、存在意義はもたらさない。自己存在の認識には、自己存在の追求と同時に利他存在の追求が必要である」（高原正興、矢島正見編著『関係性の社会病理』学文社　２０１６年）

だから、矢島は「共」を復活させるべきであると説きます。

「世間、近隣という集団を崩壊させた日本は、何かにつけてお上にすがるようになった。これではお上に対して弱くなるはずである。このなくした『共』の新たな復活（が必要）である。『公』と『私』の重なり合う領域での『共』の構築であり、『公―私』という二極化関係から『公―共―私』の三角関係への構築である」（同）

真の安心・安全を得ることができる社会は、根底に健全性という土壌が無くては構築できません。社会に生じた問題を、お上に丸投げし、自己責任として個人に帰責するだけではなく、お互いが共に知恵を出し合い、助け合って解決する社会こそ、健全といえるのではないでしょうか。矢島の指摘する「共」の意識の復活は、「公助―共助―自助」のシステムを機能させるために不可欠なのです。この「公助―共助―自助」のシステムを構築し、正しく機能させることこそが、真に調和のある人間的な社会の発展につながると、筆者は考えます。

安心・安全な社会構築のために、反社の代名詞である暴力団の取締りを強化し、壊滅すべきとして、国や自治体は、暴排条例を（全国の自治体で）制定しました。効果覿面、暴力団構成員の数は、毎年、過去最低を更新しています。こうしてみると、暴排条例という劇薬は、暴力団という社会の病理には作用しているようです。

しかし、一方で、副作用も生じました。それが、本書中で中心的に紹介した元暴アウトローや半グレの台頭です。さらに悪いことに、社会における孤立化の進行が、特殊詐欺犯罪に代表される半グレの犯罪被害を大きくし、彼らの無軌道な犯罪を許しました。

かつての我が国でしたら、向こう三軒両隣という社会が一般的でした。こうした社会の下では、身内を装った不審な電話を受けた高齢者は、近所の人に対応を相談できたかもしれません。そもそも親子関係が現代社会ほど希薄でなければ、その電話を偽電話と見破ることができたかもしれないのです。さらにいうと、これほど行政や銀行、マスコミが注意を呼び掛けているにもかかわらず被害が減らないのは、やはり地域共同体をはじめとする「共」が機能していないからではないでしょうか。

投資詐欺やマルチビジネス詐欺も後を絶ちません。いわゆる「儲かります詐欺」です。様々な詐欺に付け入られる脇の甘さを、現代社会は生んでしまいました。

官民が「反社」に目を光らせても、その被害が抑制できないことが何よりの証拠です。老後を心配するあまり金儲けにはしる気持ちは分からなくもありませんが、楽して儲かるなどということは決してないのです。犯罪は、社会のニーズに呼応しています。そうであるなら、我々一般の国民が、犯罪につながる、利用されるようなニーズを生まないように努力すべきなのです。

詐欺問題のみならず、我が国は様々な社会病理問題を抱えています。それはたとえば、児童の虐待、ドメスティック・バイオレンス、イジメ、引きこもりの高齢化、孤独死などなど。枚挙にいとまがないほど、解決すべき問題は山積しています。こうした問題を、全てお上に丸投げすべきでしょうか。本当に個人が自己責任で解決できるものなのでしょうか。

筆者は、公助も大切ですが、共助の意識を持つことが、健全な日本社会を後世に残すために不可欠であると考えます。これら様々な問題を解決するカギは、地域共同体をはじめとする「共」の機能、共生社会の復活です[32]。

このことを欧米では、コミュニティ・オーガニゼーションと呼びます。犯罪予防の分野では、犯罪・非行の原因について、個人の自己責任を求める発想から、社会そのものの中に、犯罪・非行の要因を認める発想への転換に伴って重視されるようになった考え方です。

たとえば、半グレ予備軍の若者が、２０１９年7月27日に放送されたＮＨＫの番組『半グレ　反社会勢力の実像』を見て、「カッコいいなあ、おれも今日から半グレはじめようかな」などと思い至れば、それは、現代社会そのものの中にある犯罪・非行要因といえるのです。

　コミュニティ・オーガニゼーションの先進国であるアメリカでは、市民の意識と地域活動の展開こそが、犯罪・非行の増加を阻み、予防効果をあげる方法として強調されています（石原明ほか『現代刑事政策』青林法学双書　2000年）。

　残念なことに、我が国では、現在までのところ、犯罪・非行防止対策としてのコミュニティ・オーガニゼーション活動は、それほど成果をおさめていないといわれています。その理由は様々ですが、大きな理由としては、それらの多くは行政指導型であり、地域住民のニーズ、積極性、創意性が汲み上げられていないことが指摘されています（同）。

　未曽有のコロナ禍を経験し、社会に様々な困難が生じている現在、共助や社会的包摂につき、国家レベルでも、個人レベルでも行政依存の前例を踏襲するだけではなく、各自が自問自答し、行動すべき時期にきているのではないでしょうか。我々は、日本の100年後を方向付けるターニング・ポイントに直面していると思います。

　かつて、暴力団は、本書でご紹介したように家庭や地域に居場所のない若者たちの受け皿という社会的な役割を担う一方で、彼らを組員としながら勢力を伸長させてきました。しかし、少子化や社会福祉の充実により、受け皿的な機能は失われました。少子化で構成員も減り、暴排強化でシノギを奪われ、糧道を絶たれた暴力団が、昭和の牧歌的な時代のヤクザに戻る日はないでしょう。

国民が、社会が必要としない暴力団は、間違いなく斜陽を迎えています。暴排条例という薬は、効果があったようです。では、我々は次に何をすべきか。それは、この社会病理が転移したり、新たな社会病理集団に変異しないよう――いわゆる暴排の副作用に、警戒を怠らないことではないでしょうか。

ただ、社会病理集団それ自体を更生させることはできませんが、そうとはいえ、そこに所属していた個人、一人の人間が、生き直そうという決意を新たにしたとき、日本社会が苛察に傾き、過去の負のラベリングに拘泥してはいけません。彼らにはセカンドチャンスを認め、刑務所等で罪を償った人たちの更生を支援する度量を持って頂きたいと思います。

筆者は2018年度、2019年度の2年間、法務省・福岡県更生保護就労支援事業所長として、罪を犯した人たちの就労支援を行ってきました（対象者は約210人）。就労先は主に「協力雇用主」という法務省・保護観察所に登録している企業であり、現時点で全国に約2万社存在しています。業種は建設業、電気・ガス・水道のインフラ整備、運送業などの肉体労働が半数以上を占めます。暴力団離脱者や刑余者は、そうした社会の裏方の業務に日々従事することで、「生き直し」しつつ、社会の役に立っています。こうした人たちを見守って頂きたい。憎むべきは犯罪であり、人ではないのですから。

本書が、日本社会の一人ひとりが、未来社会のフロンティアとして健全な土壌を開拓し、隣人と協働して安心や安全という種を植えるために、過剰な競争意識や利己主義追求の果てに残された殺伐とした社会ではなく、胸を張って後世に引き継ぐことができる共助社会を構築する一助となれば、筆者として、これほど嬉しいことはありません。

【注】

1　暴排条例を特定の自治体だけが施行しているのであれば、語義の通り条例であるが、全国の自治体で制定している現状から、もはや条例というよりは法律と変わらない。

2　暴力団離脱者の就労支援に関しては、自治体ごとの取り組みの温度差が課題として指摘できる。たとえば、2012年から18年までに就労した者155名中、福岡県暴力追放運動推進センターが支援した者は、78名であり、およそ半数を占めている。ちなみに、東京都の暴力団追放運動推進都民センター（以下、都民センター）のデータでは、「これまで約27年間で合計50人、年平均1・8人程度ですが、平成28年から30年の直近3年間では計15人、年平均5人となっています」と、櫻榮茂樹代表理事が発言している（2019年10月30日の東京三弁護士会の暴力団離脱シンポジウム）。

3　この追跡フォロー体制については、同じく都民センター・櫻榮代表理事が「就労者本人、協力事業者、どちらの立場に立っても、正常な雇用関係が一定の期間継続しなければ成功とはいえません。かと言って、センターには、雇用関係の行く末を長期にわたってフォローアップできるような体制はありません。現行では、おおむね1年間を目安に、担当相談委員が就労者、雇用主の双方と頻繁に連絡を取り合って、様々な問題に適切に対応できるよう努めています」と述べ、体制の問題点に言及している（同シンポジウム）。

4　この元暴5年条項は、暴力団在籍時に末席であった者、逮捕されたことがなく当局が把握していない者、通り名（渡世名）で活動していた者などは適用を免れるから、不公平感が残る。

5　この人数は、当局が認知した「破門状を受ける」などの離脱者であり、必ずしも主体的に離脱した真正離脱者数ではない。ゆえに、冒頭の「警察や暴力追放運動推進センターの支援により離脱した者」（真正離脱者）の数字とは異なる。

6　暴力団が、みかじめ料徴収の対象とするのは、飲食店（バー、スナック等）、風俗店（ソープランド等）、遊戯施設（パチンコ店、ゲームセンター、麻雀店等）が多いといわれる（『OCC 2019 winter No.4』立花書房）。

7　法務省保護局もこの点を問題視しており、2020年度からは、刑余者（元暴を含む）に対する就労支援に加えて、定着支援を強化した。

8　暴力団のフロント企業化は、合法的な事業を行い、税金を納めるという点では違法なシノギよりも良い傾向である。しかし、筆者が取材した『ヤクザと介護』の主人公のように、業界大手の建設資材を扱う会社に就職したら、実はフロント企業で結果的に組織の一員になってしまった、というような問題が生じる可能性が否定できない。暴力団のフロント企業が、自らが経営に関与する企業等を通じ、又は企業等と結託して進出する業種は、建設業をはじめとして、金融・保険業、不動産業、産業廃棄物処理業等、様々な事業分野にわたる。

9　筆者は、テレビ・コメントや講演などで「暴力団研究の第一人者」などと紹介されるが、研究者としては、第二人者も第三人者も存在しないことが現実である。

10　この調査は、アンケート調査と、ヒアリング調査からなるものである。アンケート調査は、暴力団構成員400名、離脱者500名等を対象にした無記名調査である。一方、ヒアリング調査の対象者は、暴力団構成員10名、離脱者10名等であった。

11　暴力団は建前としては、覚せい剤など違法薬物を禁止している。山口組は1963年、麻薬追放国土浄化同盟なるものを結成し、著名人も集めて「麻薬追放運動」に乗り出した。山口組を含めて大部分の暴力団は、表向きは所属暴力団員に対し覚せい剤等の違法薬物に関与することを禁止している。しかし、福岡県暴力追放運動推進センターの藪正孝専務理事は、次のように述べ、暴力団と覚せい剤の密接な関係につき言及する。「50人弱のある山口組二次組織について調べてみて驚きました。実に半分以上の暴力団員に覚せい剤取締法違反の前科前歴があったのです。そして、絶縁・破門という処分を受けた者はたった2人しかいませんでした。しかも、その2人は何れも刑務所を出所後、元の二次組織に復帰し、さらには幹部に昇格していました」（暴追ネット福岡「元暴力団員の口座開設」）

12　刑法犯には凶悪犯、粗暴犯、窃盗犯、知能犯、風俗犯、その他の刑法犯が該当する。刑法犯全体から交通関係業過（交通事故によって人を死傷させた過失犯）を除いたものを一般刑法犯という。刑法犯以外の犯罪を特別法犯といい、道路交通法違反、軽犯罪法違反、覚せい剤取締法違反、風営適正化法違反、大麻取締法違反などを指す。
13 社会化とは、人が社会規範への同調を習得する過程であり、社会の存続を可能にし、世代間の文化の伝達を可能にする過程をあらわす。
14 ＡｂｅｍａＴＶが取材した、国内最大の指定暴力団・6代目山口組の三次団体組員は、以下のように証言をして暴力団組員の半グレ化を指摘する。「『締め付けが厳しいので、組織名も、反社会的勢力であるということが分からないようにしている。〝半グレ〟に近い。要は〝構成員〟にしない状況を作る』と明かす。構成員を組に出入りさせず、行事にも参加させないことで、組とのつながりを消した存在として育成、暴対法や暴排条例の対象外である、いわゆる〝半グレ〟として一般人に紛れ、ヤクザの仕事を続けていくという」（ＡＢＥＭＡ　ＴＩＭＥＳ　２０１９年4月4日）
15 特殊詐欺事件をめぐり、暴力団対策法上の使用者責任が争われた訴訟で、２０１９年12月19日、初の高裁判決が下された。暴対法は、「組員が暴力団の『威力』を示して資金を得る行為」をした場合、代表者が賠償責任を負うと規定している。被害者に暴力団だと名乗らない特殊詐欺が「威力行使」に該当するかが主な争点であった。判決で岩井伸晃裁判長は、「（威力行使は）資金獲得行為自体に威力を使うだけでなく、共犯者集めなど実行過程で用いる場合も含む」と指摘。グループを主導した住吉会系の組員は、暴力団の威力を示して「受け子」などを集めており、住吉会の関功会長らに使用者責任が生じると判断し、会長ら2人に約６００万円の賠償を命じた一審水戸地裁判決を支持し、控訴を棄却した

（時事通信　２０１９年12月19日）。

16　星野らの研究は、１９７４年の星野研究（注17）結果を踏まえ、「暴力団との関係を離脱後も断ちきれない者が少なくない」点を暴力団対策の課題と捉えている。その上で、暴力団離脱者のうち、社会復帰に成功した者と、しなかった者に、暴力団時代の生活、離脱時の状況、離脱後の生活などについてどのような特徴が見られるかを明らかにし、それにより彼らの社会復帰に必要な条件を見出すことを目的としてなされたものである。なお、研究の対象者は、暴力団離脱者のうち、社会復帰に成功した者１０４名、社会復帰に成功しなかった者83名、合計１８７名である（星野周弘ほか「暴力団からの離脱者の社会復帰に関する研究」『科学警察研究所報告23⑴』１９８２年）。

17　星野研究は、１９６７年に行われた暴力団員の経歴・社会的背景・暴力団加入過程の調査対象者７５９名、１９６８年に実施された暴力団員の価値観・生活実態、暴力団文化等の一連の調査対象者９６７名（計１７２６名）を被調査者とし、調査票と面接を用いた研究である（星野周弘「暴力団員の離脱過程に関する研究―暴力団員の追跡研究⑵」『科学警察研究所報告15⑴』１９７４年）。

18　滝本らは、１９９９年11月20日から２０００年2月20日にかけて、全国のＢ級受刑者処遇41施設に収容されている出所予定の男子受刑者（暴力団関係受刑者を含む）を対象に、彼らの意識等につきアンケート調査を実施している。最終的な分析対象件数は２８２５件であった。この調査の目的は、暴力団関係受刑者の成育環境、非行歴、犯罪傾向、暴力団への加入動機、帰属意識の根拠等を探るとともに、暴力団離脱指導の実情及びその問題点等を検討することであった。

19 社会学者のトラビス・ハーシのこと。一般に、犯罪社会学の理論というと、「人はなぜ犯罪をおかすのか」という視点から説明しようとする。しかし、反対に「なぜ多くの人は犯罪を行わないのか」という視点から説明しようとした試みが、1969年にハーシの唱えたボンド理論である。ハーシによると、犯罪を抑制する次の四つの社会的ボンドがあるという。それは「愛着のボンド」「努力のボンド」「多忙のボンド」「規範意識のボンド」である。

20 法務省の協力雇用主（刑余者を受け入れる企業として登録している）は、全国で2万社ほど存在するが、半数以上が建設関係の業務や、電気・ガス・水道工事、運送業などである。こうした肉体労働は、高齢、あるいは持病があるなどの暴力団離脱者には不向きである。

21 焦点的関心事とは、アメリカの社会学者ウォルター・ミラーの焦点的関心理論における中心的主張である。ミラーによると、下層階級文化においては、慣習的社会規範とは異なる独自の価値観や考えを主張する。その中には非行・犯罪的な要素も含まれる。それゆえ、非行・犯罪的な行動は、下層階級文化の価値や伝統への順応であり、必ずしも慣習的社会への反抗を意図するものではない。なお、この下層階級文化には、①頑強さ（toughness）、②抜け目無さ（smartness）、③危険をあえて冒すことへの満足感（excitement）、④運任せ（fate）、⑤他人から束縛されない自由（autonomy）、⑥慢性的な紛争（trouble）という諸特徴がある。ミラーは、このような能力をいかに身に付けているかの程度により、下層階級近隣における評価基準は形成され、そうしたスキルを用い、能力を証明することで、行為者は重要な名声を与えられると主張する（Miller, W. B. "Lower Class Culture as a Generating Milieu of Gang Delinquency," 1958）。

22 社会関係資本とは、家族社会の親と子ども、学校社会における教師と生徒、職業社会における雇用者と従業員など、人生上の発達段階において個人と社会とを結びつける関係を指す。たとえば、家族社会における夫婦は、お互いに重要な他者であり、愛情に基づき、お互いの時間や将来を投資し合っているし、職場社会における雇用者と従業員も、時間とお金、そして将来を投資する関係といえる。その愛情や信頼関係に基づく相互投資という意味において、資本という表現を用いている。筆者の調査対象とした暴力団離脱者が生活する地域社会は、いわゆる下町であり、「子ども時代からの近所づきあい」に基づき、家族や友人とは異なる「社会的居場所」として、ムラ社会的な相互投資がなされており、離脱者にとって一種の社会関係資本として機能していると解される。

23 ２０１８年に大量に検挙された「アビス」も「強者」から枝分かれした半グレ集団だが、この集団は10代から20歳位の年齢で構成される若いグループであった。

24 「市川海老蔵暴行事件」とは、２０１０年11月25日未明、西麻布のバーで、関東連合リーダー・石元太一（当時）と海老蔵がトラブルとなり、石元の後輩だった伊藤リオンが海老蔵に大ケガを負わせたというもの。

25　エロチャットとは、チャット画面を通じて、女優とユーザー（利用者）とが個人的に文章のやりとりを行うもので、女優がユーザー側の命令に従い、命令された行為を行うというものである。このエロチャットが人気となっている理由は、ユーザーがチャット女優とリアルタイムで個人的なやりとりをすることができる上、自分が命令したことに対して素直に服従してくれるので、これに興奮を覚えるユーザーが多いからだ。そして、このエロチャットのシステムを作り上げたのが（準暴力団が管理する）プロダクションである。ユーザーがエロチャットを利用した時間（秒や分単位計算で）に比例して、お金を吸い取れるため、エロチャットもプロダクションにとって大きな収入源の一つとなっている（『OCC 2019 summer No.6』立花書房）。

26　福岡で起きた3・8億円強奪事件では、元暴で現役時代に若頭であった男性が、年下の半グレの配下として使われていた（毎日新聞　２０１８年12月23日朝刊）。

27　アメリカの社会学者アルバート・コーエンは、少年時代に非行を行っても、多くの者は成人するにつれて結婚し、まがりなりにも職業生活に入り、慣習的美徳の中にその足場を求め、大抵は話のわかる遵法的市民になると、加齢とともに非行から卒業することを示唆している（T・パーソンズ編『現代のアメリカ社会学』誠信書房　１９６９年）。発達とともに若者の非行傾向が減衰することは、犯罪学的にみても通説である。

28　「うその電話で高齢者から金品をだまし取る特殊詐欺で、被害者から現金などを受け取る『受け子』

として摘発される外国人が増えている。家出した少年や少女が受け子役として目立っていたが、大阪府警幹部は、逮捕リスクが高い受け子を集めづらくなった詐欺グループが、技能実習先から失踪して金を稼ぐ手段を求める外国人らに目を付けているとみている。警察庁によると、特殊詐欺で摘発される外国人は２０１７年まで60人前後だったが、18年に１２２人に倍増、19年は１３６人だった。例年おおむね半数以上が受け子だという」（共同通信　２０２０年4月11日）。このように、特殊詐欺の主体も、その手先となる者も不良外国人が散見されるようになったことは、ここ最近の傾向として指摘される。

29　家裁調査官の藤川洋子は、経験則から非行を三つの要因に分けている。まず、生物的要因であり、脳の働きの不具合も含めて、生物・医学的レベルの問題をどれくらい抱えているかを見る必要がある。昨今、問題視される発達障害もこの要因である。つぎに、心理的要因であり、様々な成育上のエピソードが、本人にどのような影響を及ぼしているか明らかにすべきであるという。非行少年は、家族との離別や両親の不和を抱えていることが少なくないと指摘する。最後に、社会・文化的要因を挙げる。遊び仲間や、共犯者や先輩は、どのぐらい本人に影響力のある存在なのか、その関係が地域や学校ではどのように見られているかが重要であると述べる。不良行為は、身近にいる不良先輩を模倣することから始まる。先輩から後輩へと脈々と非行文化が受け継がれていく地域もあると述べている（藤川洋子『少年犯罪の深層』ちくま新書　２００５年）。

30　知り合いの新聞記者に、金融機関の取材をする際に併せて確認をお願いしたところ、「特殊詐欺の受け子なども幅広くデータベース登録しているため、少年でも口座開設できない事例が出たりしている」とのこと。なお、「すでに口座を持っている人で独自データベースにヒットした人は、センターに照会して一致したら、さらに警察に照会して正式に断定してから解約する」という流れを、オフレコで聞き出してくれた。実際、筆者が就労支援を担当した特殊詐欺の受け子や口座回収担当少年も、口座が開設できないということを訴えていた。筆者は、金融業界のこうした強硬な措置が、未成年者の更生の機会を奪う可能性を危惧している。

31　ライフコース理論は、進学、就職、結婚などといった、ポジティヴな人生のターニング・ポイントを経験することによって得られた、インフォーマル（私的）な社会的コントロールの役割を重視する理論である。警察などのフォーマル（公的）な制裁の意図が犯罪のコントロールとして作用することとは異なり、インフォーマルな社会的コントロールは、家族、学校、職場での人間関係など人々の結びつきで確立される役割関係の結果として現れると述べる。また、様々な社会的なコントロール制度が、人の生涯で変化することを論じている。そして、社会における「重要な他者」との関わり——家族社会における親と子ども、学校社会における教師と生徒、職業社会における雇用者と従業員など、人生上の発達段階において個人と社会とを結びつける関係が「社会関係資本」として表現されている。そうした重要な他者によるインフォーマルな社会的コントロールによって、それまでの犯罪的な生活から足を洗い、遵法的な生活に至るというものである（Sampson, R. J. & Laub, J. H. "Crime in the Making," 1993）。

32　この問題は、政府も認識をしており、厚生労働省などは2017年「地域共生社会」の実現を提案している。その提案の背景とは「かつて我が国では、地域の相互扶助や家族同士の助け合いなど、地域・家庭・職場といった人々の生活の様々な場面において、支え合いの機能が存在しました。社会保障制度は、これまで、社会の様々な変化が生じる過程において、地域や家庭が果たしてきた役割の一部を代替する必要性が高まったことに対応して、高齢者、障害者、子どもなどの対象者ごとに、また、生活に必要な機能ごとに、公的支援制度の整備と公的支援の充実が図られ、人々の暮らしを支えてきています。しかし、我が国では、高齢化や人口減少が進み、地域・家庭・職場という人々の生活領域における支え合いの基盤が弱まってきています。暮らしにおける人と人とのつながりが弱まる中、これを再構築することで、人生における様々な困難に直面した場合でも、誰もが役割を持ち、お互いが配慮し存在を認め合い、そして時に支え合うことで、孤立せずにその人らしい生活を送ることができるような社会としていくことが求められています」（厚生労働省ＨＰ「『地域共生社会』の実現に向けて」）というものである。

【主要参考文献】

石川正興・星野周弘・小柳武・辰野文理・島田貴仁・小西暁和・中條晋一郎・菊池城治・高橋正義・渡辺昭一「日中組織犯罪共同研究　日本側報告書Ⅰ―暴力団受刑者に関する調査報告書」日工組社会安全研究財団（2011年）
齋藤理英・山田康成・石塚智教「暴力団離脱者の預金口座開設に関わる取組み」『金融法務事情』2141：8-10（2020年）
組織犯罪対策実務研究会『Organized Crime Control(OCC) winter（4）』立花書房（2019年）
組織犯罪対策実務研究会『Organized Crime Control(OCC) summer（6）』立花書房（2019年）
滝本幸一・立谷隆司・高崎秀雄・小柳浩子・松田美智子・古田薫・栗栖素子・兼平優「暴力団関係受刑者の意識等に関する研究」『法務総合研究所研究部報告』14：1-60（2001年）
滝本幸一「矯正施設における暴力団関係者処遇に関する今日的課題」『犯罪と非行』136：28-56（2003年）
東海テレビ取材班『ヤクザと憲法―「暴排条例」は何を守るのか』岩波書店（2016年）
新島襄全集編集委員会編『新島襄全集〈3〉　書簡編1』同朋舎（1987年）
野口和樹『半グレと金塊―博多7億円金塊強奪事件「主犯」の告白』宝島社（2019年）

原田豊「ライフコース論と犯罪対策」『刑法雑誌』38(3)：401-409（1999年）
パワーニュース編集部「『半グレ』と呼ばれる新たな暴力集団」nippon.com（2017年10月10日）
廣末登『若者はなぜヤクザになったのか—暴力団加入要因の研究—』ハーベスト社（2014年）
廣末登・松尾太加志・田中智仁「社会病理集団離脱実態の研究（日工組社会安全研究財団2014年度一般研究助成研究報告書）」（2015年）
廣末登『ヤクザになる理由』新潮新書（2016年）
廣末登『ヤクザと介護　暴力団離脱者たちの研究』角川新書（2017年）
廣末登『ヤクザの幹部をやめて、うどん店はじめました。極道歴30年中本サンのカタギ修行奮闘記』新潮社（2018年）
暴力団離脱支援プロジェクトチーム「金融機関役職員に聴く—暴力団離脱者の口座開設(上)」『銀行法務21』860：10-17（2020年）
暴力団離脱支援プロジェクトチーム「金融機関役職員に聴く—暴力団離脱者の口座開設(下)」『銀行法務21』862：26-30（2020年）
星野周弘「暴力団員の離脱過程に関する研究—暴力団員の追跡研究(II)」『科学警察研究所報告』15(1)：81-98（1974年）
星野周弘・原田豊・麦島文夫「暴力団からの離脱者の社会復帰に関する研究」『科学警察研究所報告』

23(1)：28-41（1982年）
溝口敦『暴力団』新潮新書（2011年）
溝口敦『続・暴力団』新潮新書（2012年）
Decker, S. H. & Pyrooz, D. C. (2011). Leaving the Gang: Logging Off and Moving On. Council on Foreign Relations.
Hastings, R., Dunbar, L. & Bania, M. (2011). Leaving Criminal Youth Gangs: Exit Strategies and Programs. Institute for the Prevention of Crime.
Hirschi, T. (1969). *Causes of Delinquency.* University of California Press.（森田洋司・清水新二監訳『新装版　非行の原因』文化書房博文社　2010年）
Miller, W. B. (1958). Lower Class Culture as a Generating Milieu of Gang Delinquency. *Journal of Social Issues*, 14(3) : 5-19
Sampson, R. J. & Laub, J. H. (1993). *Crime in the Making: Pathways and Turning Points through Life.* Harvard University Press.

廣末 登　1970（昭和45）年福岡市生まれ。北九州市立大学社会システム研究科博士後期課程修了。博士（学術）。著書に『若者はなぜヤクザになったのか』など。

Ⓢ新潮新書

897

だからヤクザを辞《や》められない
裏社会《うらしゃかい》メルトダウン

著者　廣末登《ひろすえのぼる》

2021年2月20日　発行

発行者　佐藤隆信
発行所　株式会社新潮社
〒162-8711　東京都新宿区矢来町71番地
編集部（03）3266-5430　読者係（03）3266-5111
https://www.shinchosha.co.jp

印刷所　錦明印刷株式会社
製本所　錦明印刷株式会社

ISBN978-4-10-610897-6　C0236

価格はカバーに表示してあります。